ことばの危機

大学入試改革・教育政策を

公彦 lasahiko
沼野充義 Numano Mitsuyoshi
信留 mi Noburu
大西克也 Onishi Katsuya
藤宏 o Hiroshi
京大学文学部広報委員会・編

a pilot of wisdom

はじめに

安藤　宏

本書は二〇一九年一〇月一九日に行われた東京大学ホームカミングデイ文学部企画のシンポジウム、「ことばの危機―入試改革・教育行政を問う―」の内容をもとに、あらためて新書として編集し直したものです。当日進行係を務めた立場から、まず本書の題名でもある「ことばの危機」の意味するところについて、簡単にご説明しておきたいと思います。

現在文部科学省を中心に、学習指導要領の改訂を中心とする高校教育改革、新テストの導入を中心とする大学入試改革、そして大学教育改革の三者を一体とする高大接続改革が進んでいます。これらはいずれも、高度に情報化した社会への対応、あるいは一八歳成人に向けた適応力の養成など、現代社会の課題に機敏に対処していくための施策であることはいうまでもありません。ただしその一方で、一連の改革論議の中で、ともすれば「実用」「情報」「論理」といった概念が一人歩きし、そもそも人間が社会で言葉を習得していくとはどのような意味を持つことなのか、異質な他者と出会い、コミュニケーションをはかっていくためにはいかなる態度が求められるのか、といった本質的な課題がなおざりにされているのではないか、という危惧も感じます。「読解力」の危機が叫ばれていますが、目先の成果にとらわれ、人類が長い時間をかけて培ってきた「人文知」がおろそかにされるのであるとするなら、これはまことに憂うべき事態であると言わなければなりません。

センター試験に代わる新テストの導入に関しては、昨年の秋から暮れにかけ、英語の民間試験の導入、数学、国語の記述式問題の是非が社会問題になり、結局、導入が当面、見送られる運びとなりました。その間、世論が問題にしたのは受験生の不公平や負担をどう減らすか、といった、いわば実施面をめぐる課題でした。もちろんそれも重要な問題ではありますが、その根底にあるより本質的な議論、つまり何をもって「読解力」とするのか、そもそもいかなる学力が問われるべきなのか、といった課題は、結局そのまま先送りされてしまっている感があります。

問われるべきは個々の動向の背後にある社会の価値観であり、われわれは「実用」「情報」「論理」といった、一見通りのよい名目が一人歩きしがちな状況に、何よりもこれまで培われてきた学問研究を通して、異を唱えていきたいと考えています。

「新テスト」の「国語」の出題内容

いくつか例を挙げておきましょう。

たとえば「新テスト」の導入に関してですが、大学入試センターは、平成二九年五月に「記述式問題のモデル問題例」を公表しました。現在の「センター試験」に代わる、あらたな大学入試問題の提案です。その「問題例1」では、「城見市」の「街並み保存地区」の地図と、市の「景観保護ガイドライン」が資料として示されています（巻末の資料①）。その上で保存地区に住む父と娘（かおるさんの姉）の会話が紹介されており、父は家の外壁工事が自己負担になることなどから計画に反対し、娘は地域の魅力を作っていくのは住民なのだからある程度の自己負担は必要なのだ、という立場をとっています。ここまでがいわゆる「問題文」に該当する部分です。

以下、設問は四つあり、その最後は、「父と姉の会話を聞いて、改めてガイドラインを読んだかおるさんは、姉に賛成する立場で姉の意見を補うことにした。かおるさんはどのような意見を述べたと考えられるか」というものです。つまり視点は行政の側にあるわけで、政策の意図をいかに住民に理解させるか、という立場に立った解答が求められている。したがって、そもそも歴史の「記憶」を共有するとはどのようなことなのか、景観地区を設定すれば歴史を「保存」したことになるのか、あるいは町の過疎化や治安対策と歴史の「保存」は両立しうるものなのか、といった根本的な点に疑問を感じてしまった受験生は、設問の中に入っていくことができません。そこで求められているのは行政のガイドラインを理解し、それに沿った説明のできる能力なのであって、人間と社会のあり方そのものを問い返していく奥深い知性とは懸け隔たったものなのです。

「問題例2」では「駐車場使用契約書」が資料として示され、来月から料金の値上げを通知されたサユリさんが、契約書のどの条文をもとに反論することが可能か、が問われています。たしかにこれは実社会で問われる実践的な能力の一つには違いありません。しかしはたしてこれは教科としての「国語」に求められるべき能力なのでしょうか。契約にあたって不利益を蒙《こうむ》らないようにする能力は、そもそも「国語」が担わなければならない「読解力」の範疇《はんちゅう》なのでしょうか。

さすがに右の「モデル問題例」はいささか極端であったようで、その後施行された平成二九年一一月、平成三〇年一一月の二回のプレテストでは、従来の「センター試験」に近い「読解力」に〝回帰〟している印象を受けます。しかし一方で文章を読み解いていく力とは異なる能力が求められている、との印象もぬぐえません。たとえば平成二九年一一月のプレテストの「第1問」では、「青原高等学校」の「生徒会部活動規約」の条文が掲げられ、その内容を読み取る力が問われています（巻末の資料②）。生徒へのアンケートを集計したところ、部活動時間の制限を緩めて終了時間を延長して欲しいこと、また、兼部の規定を緩やかにして欲しいという希望のあることが判明しました。それを踏まえ、生徒会部活動委員会執行部会の討論の内容が紹介され、部活動の終了時間延長に対して懸念を示す文脈で、副委員長の発言を八〇～一二〇字以内で埋める記述問題が出題されています。

ちなみに公開された正答例を紹介しておくと、前半で生徒の要求の必然性を認めたあと、後半は「通学路は道幅も狭い上に午後六時前後の交通量が特に多いため、安全確保に問題があり、延長は認められにくいのではないか」という解答になっている。しかしこうした意見は本来、学校側との折衝の中で出てくるものなのではないでしょうか。その前段階で、生徒があらかじめ学校側の意向を忖度《そんたく》できる能力が問われている。

しかもこの記述問題には、実に細かな「但し書き」が付けられています。二文構成にした上で、「一文目は『確かに』という書き出しで、具体的な根拠を二点挙げて、部活動の終了時間の延長を提案することに対する基本的な立場を示すこと」「二文目は『しかし』という書き出しで、部活動の終了時間を延長するという提案がどのように判断される可能性があるか、具体的な根拠と併せて示すこと」とされている。「判断される可能性があるか」という時の「判断」の主体はおそらく学校なのだけれども、そのあたりは巧みにぼかされているわけです。これはいわば誘導尋問とも言うべきもので、自由記述の概念からはほど遠い。本来民主主義は多様な意見の対立の総和として成り立つべきものだと思うのですが、ここでは最初から最大公約数的な意見を予想し、先取りするバランス感覚が求められている。「公共」の名のもと、同一の穏当な意見を持った学生を大量生産することがめざされているわけです。

プレテストの問題には従来の文章読解に近い形の出題もありますが、原則として、異なる文章を比較し、あるいは図表などのデータを読み取りながら読解する、という形で一貫しています。のちに述べる「ＰＩＳＡショック」（ＯＥＣＤ〈経済協力開発機構〉による国際学力調査での順位低下が報じられたことで生じた動揺）のなせるわざで、情報処理、という観点にこだわるあまり、問題はかえって複雑化し、難易度も上がり、受験生の負担も大きなものになってしまっている。同時にまた、本来、異なる筆者によって異なる意図を持って書かれているはずの文章が、出題者の誘導によって強引に比較されている、との印象もぬぐえません。受験生には個々の文章をじっくり読解する力よりも、「どのような比較をさせようとしているのか」という出題者の意図を忖度し、読み取る力が求められているわけです。

「新テスト」に関しては、英語は試験会場や費用の問題、国語、数学は記述式問題の採点で公平性を担保できるのかという点にもっぱら世間の関心と批判が集中しましたが、より根本的な問題は、「実用」と「情報処理」に力点が置かれるあまり、本質的な思考力、つまり言葉を通して世界の成り立ちを考えていく「人文知」がなおざりにされてしまう点にこそある。背後でひそかに進行しているこうした〝見えざる危機〟に対する理解は、まだあまり共有されていないように思うのです。

「論理国語」と「文学国語」

「新テスト」は当面見送りになったようですが、問題は確実に進行しています。その典型が平成三〇年三月に告示された、高等学校「国語」の「新学習指導要領」です。すでに告示されてしまったものなので、今後当分の間、これを改訂することはできません。その内容はこれまで述べてきた「新テスト」の趣旨とまさに連動するもので、「実学」重視の論理が前面に打ち出されています。

内容の詳しい紹介は紙数の関係で控えますが、ポイントはあらたに設定された科目編成にあるといってよいでしょう。今回の改訂で高校一年の必修科目が「現代の国語」と「言語文化」に分かれ、高校二、三年生での選択科目は「論理国語」「文学国語」「古典探究」

「国語表現」の四科目に分かれることになった（巻末の資料③）。単純化して言うと、従来の「国語総合」（高校一年）が「現代の国語」と「言語文化」に、「現代文」（高校二・三年）が「論理国語」と「文学国語」に分かれることになったわけです。

その区分けの要点は、「現代の国語」「論理国語」では「実用的な文章」「論理的な文章」を扱い、「言語文化」「文学国語」では「文学的な文章」を扱う、とされている点にあります。また、選択科目は各四単位なので、ほかの教科との関係から、二年生以降、「論理国語」と「文学国語」を共に選択するのが困難な事例が増え、結果的に「文学国語」を履修しない学校が増えていくことが予想されている。大きな流れとしては『山月記』（中島敦）、『こころ』（夏目漱石）、『舞姫』（森鷗外）といった〝定番教材〟を教室で扱わなくなるケースが多くなり、その代わりに「論理」と「実用」に主眼を置いた教材、すなわち先の「新テスト」の内容とも連動した規約や条文の解釈、異なる情報を比較し、図表などのデータを活用する比重が増していくことが予想されるわけです。

おそらく新指導要領の一番の問題点は、世に存在する文章を「実用的な文章」「論理的な文章」「文学的な文章」の三つに区分けできるという前提に立ち、「実用」「論理」をセットにして「文学」と区別している点にあるのではないでしょうか。けれども現行の「現代文」の教科書を見ればわかるように、その教材の多くは社会科学、人文科学、自然科学の領域を、境界を横断するようにまたがっています。正確に言うと、若い人たちに読ませたい、魅力的な評論文ほどジャンル横断的なのです。たとえば現行の教材の中には「論理」と「想像力」とは本来切り分けられるものではない、切り分けてはいけないのだ、という主張をしている評論もあるのですが、仮にこれをどちらかの教科書に切り分けて教材にしてしまったら、はたして生徒たちはどう考えるでしょうか。

たとえば小説や詩歌が「文学的な文章」である、という点では異論はないでしょう。しかし仮に大江健三郎が核兵器の廃絶を「想像力」の重要性と共に訴えている評論を書いていて、教材として採用したい場合、明快な論旨を持っているから「論理的な文章」なのでしょうか、それとも小説家が想像力の重要性を説いているのだから「文学的な文章」なのでしょうか。坂口安吾の『日本文化私観』は多くの教科書に採用されてきた教材ですが、安吾はこの中で「美」は博物館の陳列ケースの中にあるのではなく、日々の生活の役に立つもの、実用の中にこそある、という主張を展開しています。「実用」の重要性を文学者が説く場合、これはどちらに入るのでしょう。夏目漱石の『私の個人主義』、小林秀雄の『無常ということ』、谷崎潤一郎の『陰翳礼讃』など従来定評を得てきた評論は、はたして「文学国語」なのか、それとも「論理国語」なのか、今回の科目分けによって行き場を失ってしまう可能性があるわけです。考えてみれば広告文であっても、いかに人の心に訴えるか、という観点からギリギリまで芸術性が追求されているわけですから、個々の文章の文学性、芸術性を判定し、科目として切り分けるのは元来不可能に近いはずです。

各教科書会社はこの新学習指導要領に沿って、現在、あらたな教科書を編集中ですが、いうまでもなく、文科省の検定に合格しなければ採用はされません。仮に「論理国語」に文学色の強い教材を入れた場合、指導要領にそぐわぬものとして「不合格」にされてしまう可能性があるわけです。逆に言えば、行政は、ある一つの教材が「文学」であるか否かの判断をみずからしなければならぬという、まことに重い課題を背負うことになってしまった。もとより一国の「文学」は、その概念規定を国家が行うべきものではなく、一つ間違うと、文化統制にもつながりかねないむずかしい問題を含んでいるわけです。

そもそも「文学」という語は日本語の歴史と共にある古い言葉です。中国でそうであったように、本来は文字で書かれた学問の総称として用いられていました。西洋でも、リタラチャー（literature）という語は、書物に書かれた学問、教養のすべてを意味していた。それが一八世紀のロマン主義以降、次第に狭義の言語芸術に限定されて使われるようになったいきさつがあります。日本でも、「文学」が近代のリタラチャーの訳語として、つまり狭義の言語芸術としての用法が一般化するのはようやく明治の後半になってからのことで、長い歴史で見ると、むしろ特殊な使い方なのです。

この数十年、学問の世界では「文学」概念の見直しが急速に進み、同時代の社会、文化との生きた、密接なかかわりの中でその意味を問い直していこう、というのが一般的な動向になってきています。その意味でも、今回の新学習指導要領の「文学」概念は、いささか時代遅れの感が否《いな》めない。すでに歴史的評価の定まった芸術品として、小説や詩歌を「博物館の陳列ケース」に並べるような発想になってしまってはいないでしょうか。

「人文知」とは？

そもそも文学的な知性というものは、小説や詩歌など、ある特定のジャンルに留《とど》まるものではありません。世界のあり方を根源から問い返していく思考力——それは思想、文学、社会学など、さまざまな領域にまたがる「人文知」そのもので、「文学」もまたその中核を担うものです。「文学」と「論理」を区分する発想の背後には、論理的思考能力は社会に役立つ実用的なトレーニングであり、文学は人間の情緒にかかわる情操教育に関連するものである、という、なにか誤った先入観があるのではないでしょうか。むしろ人間の感情、心理にかかわる領域を言葉で対象化していくこと、これを分析していく能力を磨くことこそが、実践的、論理的な思考力の向上、スキルアップにつながるのではないでしょうか。

たとえば教科書の定番教材として知られる森鷗外の『舞姫』は、太田豊太郎という若者が、異国の地で恋人エリスを棄《す》て、立身出世のために帰国する物語です。ある高校で男子生徒が豊太郎、女子生徒がエリスに扮《ふん》し、それぞれの心情を主張し合ってみたところ、授業が大変盛り上がったという話を聞いたことがあります。たしかに女性主人公の視点に立ってみると、本文に書かれた豊太郎の告白とは異なるもう一つの物語が見えてくる。教室で小説を読む、という行為は、さまざまな視点や立場から物事を捉え直してみる格好のトレーニングなのであって、登場人物の心情に思いを馳《は》せ、それまで気づかなかった価値観、世界観に出会うドラマでもあるわけです。一歩社会に出ると、そこには一見理解しがたい価値観や思想がひしめいている。こうした〝訳のわからなさ〟と共存していくためには、他者の心情を思いやるトレーニングが必要とされることでしょう。「読解力」の養成とは、まさにこうした知性を養う訓練でもあるはずなのです。

近年の「読解力」の危機を説く改革論議においては、「人文知」を閉域に囲い込もうとする傾向がますます強くなっています。おそらくその背後には、答えが一義化できないもの、情報として処理しづらい、可視化しにくいものへの無意識の〝畏れ〟があるからなのではないでしょうか。理解しがたい他者や価値観との対話を避け、明快に説明のつくもの、ただちに役に立つことが明らかなものを優先していく風潮が蔓延《まんえん》していくのだとしたら、それこそが真に恐ろしい。コミュニケーションの手立てである言葉は当然、他者への敬意と想像力を含むはずですが、多義的なもの、異質なものへの敬意を失いつつあるこの状況こそが、実は現在の「ことばの危機」にほかなりません。これはAIの進化、SNSの普及などに原因があるのではなく、むしろそれを使いこなしていく人間の知性のあり方や覚悟にかかわる問題なのです。

　先日、日本を代表する人材派遣会社の人事部の方と話す機会があり、一連の教育改革の概要を説明し、今後は中学、高校の国語の授業でも企画書の作り方などを学ぶことになるのですよ、と紹介したところ、大変憤りを示されていたのが印象的でした。その方は、「近未来、情報の処理はＡＩが肩代わりしてくれるようになる。それに比例してますます重要になってくるのはヒューマンな感性であり、企業のトップの間でも、経営の論理として『アート』の重要性があらためて再認識されている。そもそも人材の採用にあたって企画書の作り方がうまいかどうかを基準にすることなど考えられない。入社後三ヵ月で覚えられることを、なぜわざわざ中学や高校の『国語』でやらなければならないのか。学校にいる間は、もっと創造性の根本にかかわるヒューマンな感性やセンスを磨いておいて欲しい」と言うのです。

　もちろん、基本的な情報処理のスキルをある時期にしっかり身につけておくことは重要なことです。しかしその一方で、人類が培ってきた普遍的な財産、つまりいかに巧みに〝処理〟したとしても残余が残る、言葉が本源的に持っている豊かさ、あるいはそれに思いを馳せる想像力が軽視されることがあってはならないと思うのです。

「PISAショック」に関連して

二〇一九年一二月に経済協力開発機構（OECD）が三年に一度行う国際学習到達度調査（PISA）の結果が発表され（対象は一五歳）、日本が、「読解力」の項目で三年前の八位から一五位に順位を下げたことが大きく報道されました。背景には活字離れ、SNSの普及、教育現場でのデジタル機器の整備の遅れなど、さまざまな要因があるとされており、いずれも真剣に考えていかなければならない問題です。しかしここでより憂うべきは、こうした結果に一喜一憂して、その原因を追求することをせず、充分な根拠のないままに対策を策定し、結果的に「人文知」がないがしろにされてしまう事態なのではないでしょうか。

たとえば三年前の調査でも「読解力」が四位から八位に落ちたことで「PISAショック」が叫ばれ、情報処理能力に問題があるのではないか、という懸念が「新テスト」で文章相互の比較にこだわる出題につながり、また「論理」と「文学」を分離する発想を呼ぶことになった経緯があり、今回もまた魔女狩りのように、〝説明のつきやすい〟原因探しが始まる事態を危惧しています。たとえば子供たちの「読解力」がＡＩにも劣るようになってきた、という認識から、基礎的な「論理」トレーニングの重要性を説く議論などもありますが――むろんトレーニング自体を否定するものではありませんが――少なくとも「人文知」の観点からすれば、あらかじめ問題と解答が一対一に対応する、つまり答えが一義的に確定している、という前提のトレーニングをいくら積んでも、本質的な意味での「ことばの危機」の解決にはならないと思うのです。

本書はこうした問題意識から、東京大学文学部のホームカミングデイで行ったシンポジウムをもとに編まれました。東京大学文学部の教員四名が、それぞれ英文学、現代文芸論、哲学、古代中国語という専門領域から、「ことばの危機」ともいうべき現在の状況について問題提起を行い、それを踏まえた上で討論を試みました。白熱した議論はゆうに二時間を超え、ホームカミングデイとして、これまでにない盛り上がりを見せてくれました。参加人数はこれまででもっとも多く、アンケートの反響も含め、あらためて問題の重要性を再認識させられた次第です。本書では、各教員が行った問題提起に加筆・修正を加えた上で文章の形にし、最後にシンポジウムでの討論が付されています。

われわれ文学部は古今東西にわたり、先人たちの残してきた叡智《えいち》を、言葉を対象に探究していくことをその使命にしています。そこにはいかに社会情勢が変わろうとも、人間が言葉を使い続けるかぎり、決してなくなることはないであろう不易の課題があるはずです。学問を通し、それらを日々追究し続けている立場から見ますと、ともすれば「情報」「実用」「論理」といった言葉が一人歩きしがちな現在の社会状況はきわめてあやういものに映ります。繰り返し言えば、情報化社会に問題があるのではなく、それをどのように捉え、その中でどのように生きて行くか、という基本的なスタンスに危機的なものが感じられるのです。

おそらく大学の人文系の学問の使命は、ヒトが言葉を用い、文字を使い始めて以来抱え続けてきた不易の課題を、現代の視点から改めて問題提起していく点にあるのでしょう。目先のわかりやすさ、通りのよさの名のもとに先人たちの知恵が軽視されていく風潮に警鐘を鳴らしていく点にこそわれわれの社会的使命がある。その意味でも本書は大学の文学部だからこそ社会に発信できるメッセージでもあります。今後の教育改革、「読解力」の解釈に一石を投ずることができれば、これにすぎる幸いはありません。

目次

第二章　言葉の豊かさと複雑さに向き合う――奇跡と不可能性の間で――65

沼野充義（現代文芸論研究室／スラヴ語スラヴ文学研究室）

資料デザイン／MOTHER

公開シンポジウム「ことばの危機」の様子。イベントは好評を博し、過去最高の200名を超える参加者が聴講した。

シンポジウム全体の司会を務めた文学部広報委員長の安藤宏教授（国文学研究室）。

閉会の挨拶を行う大西克也文学部長（中国語中国文学研究室／文化資源学研究室教授）。

２時間を超えるイベントの終了後にも、多くの参加者が教員のもとを訪れ、活発な質疑応答が行われた。

本書は二〇一九年一〇月一九日（土）の東京大学ホームカミングデイ当日に、東京大学本郷キャンパスにて開催された公開シンポジウム「ことばの危機―入試改革・教育政策を問う―」（企画：東京大学文学部広報委員会）の内容をもとに、当日に伝えきれなかった内容を大幅に盛り込んで、書籍の形にまとめたものです。
なお、巻末には本書で言及されているモデル問題や学習指導要領解説の該当箇所を、抜粋の上で参考資料として掲載しました。

写真提供：東京大学文学部広報委員会

第一章

「読解力」とは何か

――「読めていない」の真相をさぐる

阿部公彦

このところ、「読解力」というキーワードが世間の注目を浴びています。新聞や雑誌でも特集が組まれ、新しい学習指導要領では「論理国語」なる科目も登場しました。

そんな中でとくに目立ったのは、新井紀子さんの『ＡＩ vs. 教科書が読めない子どもたち』（東洋経済新報社、二〇一八年）でした。帯に躍ったのは「人工知能はすでにＭＡＲＣＨ合格レベル　人間が勝つために必要なこと」とのセンセーショナルな文句。教科書も読めない子どもたちは将来ＡＩに仕事を奪われていくだろうとの予言にもインパクトがありました。

もちろん、「読解力が大事だ！」という主張は決して目新しいものではありませんが、ＡＩにからめた議論は比較的珍しい。多くの人にとっていまだにＡＩは「何だかよくわからないけどすごいらしい」というイメージ先行型の領域なので、増幅効果もあったでしょう。

しかし、こうした読解力ブームには、気になることもあります。「読解力が大事だ！」

との点ではみなさん一致していながら、議論がかみ合わないことが多いのです。それを象徴したのが、「論理国語」の導入など、国語科目にまつわる一連の問題でした。国語教育の大切さを共有しているはずなのに、何をやるか、どうするか、という段階でかなり意見が食い違う。これはそもそもの出発点がずれているのではないか。読解力を養成しようと言いながら、頭の中でそれぞれ別の「読解力」を思い描いている可能性もあるのではないか、ということです。

まさに「読解力の危機」を地で行く事態かもしれません。冗談のような話ですが、読解力の大事さを訴えていながら、とうの私たちが「読解力」という言葉に対する読解力を欠いているかもしれないのです。

そういうわけで本稿ではそのあたりに焦点をしぼり、「読解力の危機」をめぐる議論がときにかみ合わず空転しがちなのはなぜなのかを考え、状況を整理したいと思います。そのうえで、では国語教育には何ができるのか、国語の試験はどうあるべきかといった議論にも貢献したい。

「読解力がない！」とはどういうことか

読解力とはいったいどのような「力」なのでしょう。

この問いは奥深いものです。哲学的な射程さえ持つ。しかし、あまり奥深くて話がおもしろくなりすぎると、かえって眼前の課題解決が後回しになります。そこで、まずは作業用に少し問いを加工してみたいと思います。

私が提案したいのは、「読解力とは何か」という問いを「読解力がない！とはどういうことか」という問いに置き換えることです。後者に含まれているのは「読解力がない！という批判がなされる時、実際に起きていることは何か」という疑問です。この変換を行うことで議論がより具体化し、教育の現場で生じている課題もはっきりするのではないでしょうか。

先に触れた新井さんの『ＡＩ vs. 教科書が読めない子どもたち』で象徴的に扱われていたのは、タイトルにもあるように「教科書が読めない子どもたち」の事例でした。つまり、教科書を読めるかどうかが「読解力がない！」かどうかを判断する指標として使われていた。しかし、実はここにこそ、読解力論争の混乱の原因があると私は考えています。教科書がわからない、読み間違える、というのはどういうことなのか。そこだけにフォーカスして子どもの能力不足をセンセーショナルに取り上げればいいのか。本当に問題なのは何なのか。こうしたことについて共通の理解を得ていないと、「読解力がない！」というかけ声は、私たちを迷走させるだけかもしれません。

新井さんはＲＳＴ（リーディングスキルテスト）という読解力検査のためのテスト開発にかかわり、数多くの実験を行ってきました。このテストが土台にしているのは、読解のプロセスが一つ一つの段階からなっているという仮説です。文の意味を理解する時、私たちは語句の認識から語句同士の関係の理解、文構造の把握……というふうに段階的に進んでいって、最後は文脈の理解を果たす、そのステップがきちんと踏まれているかをチェックするのがＲＳＴとのこと（詳しくは https://www.s4e.jp/process）。

こうしたプロセスへの注目はそれほど突飛なものではありません。ただ、おもしろいことにＲＳＴの正答率はかなり低いらしい。ＲＳＴの問題文は教科書からも取られているため、新井さんはこのデータをもとに「子どもたちが教科書が読めない」という「危機」の指標としました。子どもだけではありません。大人でさえ――しかも文章のプロといわれる新聞社の論説委員さえ――誤答した、という事実もあげられています。

ということは、日本人は大人から子どもまで、みんな読解力の「危機」に直面しているということでしょうか。私はこの主張にはかなりの疑念を抱かざるをえません。文章のプロと言われる人が間違えるくらいだから、むしろ問題文の方が不適切なのではないかと考えるのが自然ではないでしょうか。

また、併せて気になるのは、このテストの測る領域があまりに狭いことです。そこからこぼれ落ちるものが非常に多いのではないか。そして、もしそのこぼれ落ちているものこそが、実はより深い意味で「教科書が読めない」という状況を作り出しているのだとしたら、いくら一生懸命対策を講じても「危機」はいっこうに解決しないのではないか、と考えます。

そこであらためて「読解力がない！」という発言を生むのがどんな状況かということを検討したいわけです。このところ、SNS上などで見ず知らずの人同士が意見を交換するという機会が増えました。時には議論が白熱し、論争となり、ついにはやや攻撃的に「キミは読解力がない！」「お前こそ、ぜんぜん読めていない！」といった言葉が投げつけられる。こうした非難の応酬に巻きこまれるとたいへん消耗するものですが、状況を検分してみるとすぐに気づくことがあります。それは「読解力がない！」という状況を、個人の責任として処理することができるとは限らないということです。よりわかりやすく言うと、読解力なるものは個人の〝スキル〟として完結するものではない。もちろん、個人が鍛錬を通してある種の力を伸ばすこともできるでしょうし、そうした鍛錬を奨励するのも必要でしょうが、それで問題が解決するわけではありません。なぜなら、「読む」という行為には、必ず「読ませる側」（つまり、書き手や語り手や仲介者）もかかわっているし、読むための場や、読むことを成立させる社会的な文脈なども関係してくるからです。

「読解力がない！」という発言そのものを出発点にすれば、個人の〝スキル〟の外側にあるそうした状況の全体がとらえられるようになります。「読解力がない！」という発言を生み出しているのは、読む人だけではなく、読む人と相対する、語る人や書く人でもあるのです。もっと言えば、社会そのもの。「読解力がない！」との状況はさまざまな要因がからんだ複合的なものなのです。

具体的に考えてみましょう。以下に「読解力がない！」という状況を生じせしめる原因を箇条書きであげてみます。【　】内で示したのが、「原因」の所在です。

①【読み手】そもそも基本語彙や文法知識が足りず、読む人が言葉の仕組みを理解できていない。

②【書き手】書き手の側の伝える工夫が足りず、誤解が生じている。

③【読み手】読み手が誤解や曲解を行っていたり、あるいはイデオロギー的に受け付けず特殊な読みをしてしまうために、内容の理解がずれる。

④【読み手】読み手の不注意や怠慢の結果、読むべき内容を読んでいない。

⑤【読み手】読み手が文脈をとりちがえ、ニュアンスを読み損ねたり、意味の方向を読み取れていない。どこまで「裏」を読むかで読み手が判断を誤り、過剰に意図を読んだり、逆に、全然意図が読めていなかったりする。

⑥【もう一人の読み手】読み手の周囲にいる人が、自分の読みとずれる「他者の読み」を

許容していない。「どうして私と同じように意味がとれないのだ！」とイライラする。自分の読解の「正しさ」への過剰な信頼を持っている。「他者とはそもそも自分と異なる読みをするもの」という視点が欠如している。

⑦【他者性】他者の言葉の根源的なわかりにくさが突きつけられている。

⑧【内容】内容が難解である。読み手にとってレベルが高すぎる。

⑨【書き手】特定の表現に内在する「胡散臭《うさんくさ》さ」への拒絶反応のために読めない。

⑩【もう一人の読み手】⑥とは逆に、別の読み手の「読み」に引きずられすぎて、自分の主体的な「読み」ができなくなっている。[*1]

「読解力がない！」は読み手だけの問題なのか

それぞれの項目について説明しましょう。

まず①の**「そもそも基本語彙や文法知識が足りず、読む人が言葉の仕組みを理解できていない」**について。

今後、外国語として日本語を学ぶ人の言語運用能力を試す機会は増えそうですが、日本語話者に対しても、まるで外国語のようにして日本語の基礎部分を教えなければならないとしたら、たしかに危機的なことと感じられるかもしれません。新しい学習指導要領に「論理国語」なる科目が組み込まれたのも、こうした危機意識が背景にあるのでしょう。「論理」などという立派な言葉を入れたけど、ほんとうの狙いは「チョー基礎の日本語教育」ぐらいのこと。「教科書が読めない」が含意するのは、「最低限の読み書きすらできない」ということかもしれない。その意図はくみ取る必要があります。

従来の国語の試験でもかなりこの部分はカバーされてきたでしょう。また国語に限らず、文章読解がからんだ他の科目、とくに英語をはじめとした外国語科目でも間接的にこうした能力がチェックされてきました。「英語の授業は英語で」という方針にも一理あるとは思いますが、日本の教育制度の中で、外国語という科目がほぼ強制的に課されるのだとしたら、それが日本語教育と連動するのは決しておかしなことではないと思います。

しかし、読解力は①だけで完結するものではありません。その他の要因を考慮に入れなければ「読解力がない！」という状況は決して改善しないでしょう。だからこそ私も、①

以外に少なくとも八つの要因をかかげてみたわけです。

次に②としてあげるのは、**「書き手の側の伝える工夫が足りず、誤解が生じている」**というものです。ここで「あれ？」と言う人もいるでしょう。すぐに質問が出そうです。「読解力がないのは、読めない人の問題じゃないの？」と。たしかにそう。先にも触れたように私たちは通常、読解力を「個人のスキル」ととらえる。ところが②では「読解力がない！」という状況を、読む側ではなく書く人の責任としている。テクストの側に問題があるととらえているのです。

疑念を持たれるのももっともです。しかし、そこがまさに狙い。「読解力がない！」との状況では、読めない人の能力不足よりも、読めない人を発生させるメカニズムこそが原因となることがある。後述する⑤や⑥でもこの「メカニズム」が関連しますが、この②ではもっとも単純な例として、テクストそのものが読まれるべく書かれていないという場合をあげています。

教科書は単なる備忘録ではありません。「たしかに言ったぞ」という著者のアリバイづくりが目的ではない。子どもに伝わらなければ意味がないのです。ところが、時に教科書では、意味をどのようにわかりやすく伝えるかを度外視して、演算処理のようにして規則や事象を記述している箇所に出くわすことがあります。

そこでむしろ国語の授業でやったらおもしろそうなのは、数学や理科の教科書を「わかりやすく」「おもしろく」書き直してみる実験ではないかと私は思います。プレテストを見ると、共通テストではなぜか法律的な文章がよく出題されるようですが、そこでも同じような実験ができるでしょう。いかにもがちがちでわかりにくい法律の条文を、わかりやすい口語風のものに書き直してみるのです。

科学の記述にせよ、法律の条文にせよ、「つじつま」重視で演算処理型になっている文章は、どちらかというと書き手の独り言になりがちです。これを読者に向けて開いてみる。時には物語化してみるのもいい。そうすることで、文章に対する感受性も磨かれ、わかりにくいとはどういうことか、どうすれば文章はわかりやすくなるかといったことが、身体的に感じ取られる。もちろんその副産物として、書かれている内容に以前よりも注意が向くということもあるかもしれません。

読みにくい文章を押しつけられて読んで育った人は、「これでいいんだ」と無意識のうちに「悪文の作法」を受け継いでしまいます。そして、自分も読みにくい文章を書くようになる。「読解力がない！」という状況はこうして再生産されるのです。「読解力がない！」を個人の〝スキル〟だけのせいにしていたら、問題の所在はなかなか見えてきません。その結果、「教科書の文章はわかりにくい」という状況ばかりが蔓延《まんえん》したら、知識をきちんと共有するための文化の土壌も育たず、ひいては知そのものに対する不信が定着するかもしれません。「わかる」ということに人々がシニカルになればなるほど、お互い、何だかよくわからないものを曖昧に押しつけ合い、誤解ばかりが生じることになるでしょう。

「注意力」と「読解力」は同じではない

次に見たいのは③の「読み手が誤解や曲解を行っていたり、あるいはイデオロギー的に受け付けず特殊な読みをしてしまうために、内容の理解がずれる」です。これは「読解力がない！」の原因を、読む側に見ているという点では①と同じですが、原因を知識や能力の欠如ではなく、読み手の「態度」に見ているという点が異なります。

これはなかなか厄介です。なぜなら、ここにある課題は、通常の学習ではそう簡単に解決されないから。「誤解」や「曲解」を防ぐには、単なる語学的な訓練では十分ではありません。現在私たちが学校で行っている教育をかなり洗練させる必要がある。大学レベルではこうした啓発は行われつつありますが、中等教育まではまだ十分にその効果が届いていないかもしれません。加えて、とうの教える側がいつの間にか、歪《ゆが》んだ目を内在化させている可能性もあります。

おそらく今、もっとも重要になりつつある領域の一つはここにあると言えるでしょう。いかに偏見から自由になり、受け取るべき意味を受け取れるようになるか。これは太古の昔から人間が直面してきた問題で、簡便な解決策はありません。しかし、少なくとも「読解力がない！」という視点に注目することでこうした問題が可視化されるのは良いことだと思います。
④は「**読み手の不注意や怠慢の結果、読むべき内容を読んでいない**」。注意力はすでに大学入試でも重点的に試されてきたポイントです。ＲＳＴで問えるのも、主にこの領域か

と思います。いまさら注目するには値しないとお思いの人もいるでしょう。しかし、ここで二つほど問うておきたいことがあります。

一つは、そもそもなぜ私たちは注意力にこれほど重きを置いてきたのか、ということ。もう一つは、にもかかわらず注意力が人間の本質的な知力とは区分され、やや下位にある能力と見なされるのはなぜか、ということです。

まず一つめの問いから考えていきましょう。注意力の欠如で読み間違えるとはどのような状況でしょう。たとえば、ネット上の記事に目がとまったとします。よくあるのは、見るべきリンクをきちんと確認せず、目に入った見出しや文章の一部だけしか読まないという場合。たまたまその時に電車が目的地に着いたとか、スマホの電池が切れたとか、あるいは誰かから重要な連絡が入って、そのまま記事のことを忘れてしまったといったこともあるでしょう。今の私たちにとって、情報の受容はこのように〝ながら化〟〝断片化〟している。そして、断片はしばしば誤解につながる。

こうした中途半端な情報受容の結果、誤った印象を抱いてしまったり、するべきでない発言や反応をしてしまう。雄弁な人や博学な人でも、そうしたミスから思わぬ失敗を犯すことがいくらでもありえます。

これはネット時代ならではの失敗という側面もありますが、そもそも産業革命以降の近代社会では、人間が道具を扱って作業をする機会が格段に増えました。道具はどんどん洗練され、たとえば航空機やロケットのように大型のものも出て来た。洗練され、巨大化し、効率があがるほど、操作する側のちょっとしたミスが大きなトラブルにつながることもある。

だからこそ、鋭敏な注意力を備え、道具を上手に使える人が社会の中でも高いポジションを得ることができる。自分の注意力や意識をうまくコントロールすることは学校でも奨励され、そうしたことに秀でた生徒が良い成績をおさめ、高い学歴を得、出世もしてきた。注意力重視の背景には、こうした近代社会ならではの制御能力至上主義があったと言えるでしょう。これが一つめの「なぜ注意力は大事にされてきたのか」という問いに対する答えです。*2

そこで二つめの問いです。それほど重要な注意力なのに、なぜ「学力偏重はよくない」とか「ペーパーテストだけできてもだめだ」といった批判が絶えずあるのでしょう。今や、これまでにも増して注意力がさまざまなことを左右する時代になっている。学校教育が注意力偏重から抜け出し、もう少しバランスのとれた教育方針をかかげるなどというのは到底かなわぬ夢ではないか。なぜそんな無い物ねだりをするのでしょう。

この問いに対し、私は以下のようなことを考えています。注意力というものは人間にとって非常に大きな助けになる。しかし、それが邪魔になることもあるのではないか。そのことを私たちは直感的にわかっているのではないか、ということです。

注意力はモノにつくことを前提としています。数字を正確に算出し、ただ一つしかない現実をしっかりと把握し、道具を使いこなしてモノの世界をコントロールする。しかし、私たちは時に受け身になりたい。コントロールするよりも、コントロールされたいことがある。すべてを知ってしまうよりも、知らないものに驚かされたり、新しいことを発見したりしたい。考えてみれば、人間が「発見」や「発明」として有り難がってきたものの多くは、人間のコントロールの埒外《らちがい》から訪れたかのように感じられます。この「訪れ」の感覚は、かつては宗教体験のような超自然的な力の発現として受け取られてきました。現在でも、ノーベル賞受賞者などが「間違いによって発見が起きた」といった言い方でこの

「コントロールの埒外」に言及しています。

この問題について今、深入りする余裕はありませんが、無意識、暗黙知、身体性といった領域に注目してこれまで膨大な研究が行われ、人間が自分が知っている以上のことを知っていたり、言葉にできる以上のことをわかっていたりすることが広く認知されるようになってきました。もちろん文章でも同じ。私たちは読んでいると思っている以上のことを読んでいます。これも読解力の大事な部分。

こうした力を伸ばすのは簡単なことではありませんが、学校で指導されるべきことであるのはたしかでしょう。そもそも「学力偏重はよくない」といった主張が幾度も繰り返されるのも、新しい発想というものが「注意」から逸脱し、本来なら結びつかないものを結びつけたり、見る必要のない無関係な部分に目を向けてしまった時に偶然生まれるからではないでしょうか。「注意」そのものを排除する必要はないし、そんなことは無理でしょうが、現代人の行き詰まりを打開する時に「注意と不注意とのせめぎあいが人間の文化や文明をつくってきた」という考えを頭の片隅においておけば、もう少し自由な発想がかなうようになるかもしれません。

今、私たちの日常生活では、さまざまな媒体が私たちの注意を奪いあっています。そうした誘惑や邪魔にいかに打ち勝って、自分が本来注意を向けるべきモノをしっかり見すえるか。これが現代人のひとつの理想型のように思えるかもしれません。しかし、欲望や快感というものは、本来的に、注意という束縛から解放される時にこそ生まれる。それを圧殺してまで私たちが「注意」に尽くす必要もないでしょう。私たちの創造性は、たぶん注意至上主義の外側にあります。

多くの学力テストは注意力のテストにすぎません。もちろん注意のコントロールは必要なのですが、それが幅をきかせすぎるのは考えものです。英語民間試験も同じですが、こうしたテストは生徒の都合というよりも、運営業者の側の都合で導入されようとしているものです。彼らが教育政策に対して発言権がある政治家に対し、さまざまな働きかけをしていることはよく知られています。ややうがった考えに聞こえるかもしれませんが、少子化で経営が難しくなりつつあるテスト業者が生徒を「テスト漬け」にすることで生き延びようとしているとも見える。

もしどうしても注意力のテストが必要なら、誇大広告は避けて欲しいものだと思います。

注意力のテストにすぎないものを、まるで読解力のテストであるかのように粉飾したり、過度に有り難がってその万能性を盲信してはいけない。これはテストの有効活用のためにも欠かせない視点でしょう。

なお、そもそも注意力というものは身につけられるのか、鍛えられるのか。個人差があるにすぎないのではないかという疑念もなくはありません。そういうことも含め、「読解力」という曖昧な枠から離れて、注意力の機能を分析したり、その鍛え方を批判的に検討したりすることは今後、必要になってくるように思います。

国語という科目がめざすべきは？

⑤で問題にしたのは、**「ニュアンスや効果の読み取り、メタレベルの視点の獲得、文脈の読み取り」**などです。おそらくこれまでの国語でもっとも重視されてきたのはこの部分でしょうし、これからもそうでしょう。また、そうあるべきだと私は考えます。

国語の授業で文学作品を扱うと、すぐ人物の「思い」とか「感情」の話になると考える人がいます。これはかなりの誤解です。小説など虚構作品と接することで一番鍛えられるのは、文脈を推し量る能力です。登場人物の心境の想像などはあくまでその一部です。言うまでもなく、虚構作品はどんな短篇《たんぺん》であっても、それぞれが完結した一個の作品世界を形成しています。だから、新しい作品と出会うたびに私たちはその世界のルールを読み取り、了解し、かつ読書に適用する必要がある。この作業は時に面倒にも感じられますし、ここがうまくいかないと、その後の展開にもなかなか入っていけなくて読んでいてもフラストレーションがたまる。しかし、まったく新しい世界のルールとの出会いは、豊かな可能性を秘めてもいます。うまく行った時には、今まで知らなかった物の見方と出会ったりもできる。

私たちはこうした作業を通して、そもそも意味が生まれるためには文脈を知ることが必要だということを知り、文脈を切り替えるという作業にも意識的になれます。ルールを切り替えることで全く新しい世界を導き入れるという行為は、人間の知性の根幹をなすものです。自分が慣れ親しんだ文脈でしか生きていない人は、異なる環境に適応することができませんし、異なる環境から来た人にも上手に対応できない。

文脈把握の重要性を示すごく簡単な例としてあげられるのはアイロニーや否定の読み取りです。たとえば、ごく簡単な例でいえば**「今日は暑いなあ」**という言葉があったとします。ごく単純な発言ですが、それがどんな「文脈」でなされたかによって、その意味するところはまったく変わってきます。たとえば、以下のような状況が考えられます。

【文脈①】もっとも当たり前の文脈設定は、前日に比べてかなり気温が高くなった夏の日に一歩外に出た時、思わず口にしたひと言、というものです。このセリフだけを見たら、誰もがこうした場面を思い浮かべるでしょう。

【文脈②】しかし、ちょっと想像を広げてみましょう。文脈①は気温が高いことに対する単なる感想でしたが、同じような状況で別の「含み」が出てくることがあります。たとえば、その暑い日、奥さんと一緒に、庭の壊れた物置の片付けをしようとしていた夫、あるいは久しぶりに子どもとテニスをしようとしていたお父さん、といった状況を考えてみましょう。

この場合は、「今日は暑いから、片付けは明日にしよっか」という含みがあるかもしれません。あるいは「今日は暑いからテニスじゃなくてほかのことをしよう。水泳とか」ということも、状況次第ではありうる。こうなるとこの発言は単なる感想ではなく、相手との交渉の一部ということになってきます。

【文脈③】さらに想像を広げてみましょう。たとえば閉め切った部屋で空気が悪くなってきてちょっと窓を開けてほしいとか、冷房が弱すぎるから強くしてほしいとする。そんな時、「開けて」とか「下げて」というのは直接的すぎるから、やや婉曲《えんきょく》にこうした発言をするということもあるでしょう。この場合も相手との交渉という側面があるけれど、②に比べるとあくまで暗示なので、それを聞いた相手も「あ、そう?」などとは言わずに、黙って窓を開けたり、いつの間にか温度調節をしてくれたりするかもしれません。

【文脈④】さらにもう一つ。これが実は言葉というもののもっともおもしろい働きなのですが、人間にはこれに非常に敏感な人と、驚くほどセンサーが働かない人とがいます。アイロニーです。アイロニーでは、表向き言っていることと、実際に意味していることが正反対になることがある。一番端的なのが、ものすごく寒い日にわざと「今日は暑いなあ」と言ってみるという場合。これがたとえば伊達《だて》の薄着をしている人を前にした発言だったり、逆に過度な厚着をしている人の前だったりすると洒落《しゃれ》が効いてくる。もちろん人前でいちゃついているカップルに対して、こうした揶揄《やゆ》が使われることも昔からありました。

今、文脈②〜④で示した暗示やアイロニーは、言葉の使い方としてはけっして高度なものでもなければ、いたずらに「文学的」だったり「芸術的」だったりするものでもありません。小学生ですらこうした用法に対応できる。また、カジュアルでリラックスした雰囲気でだけ使われるものでもない。シリアスなビジネスの場面や、難しい治療を受けている生か死かというような状況でも、あるいは政治的な駆け引きの最中にも利用されうる、つまり、こうした用法を身につけさせずして、何が言語教育かと言えるようなものです。

こうした言葉の使い方になじむためには、さまざまな文章体験が必要です。すでに国語の授業でも、先の「今日は暑いなあ」というような言葉に対してさまざまな文脈を想定してみるという練習は行われているかと思います。文脈想像力を鍛える訓練はいくらでも行い得るでしょう。無理にそうした作業を「テスト」にする必要はありません。むしろテスト漬けは子どもたちにとって足かせとなるだけです。

文学作品を読むという行為には、こうした文脈想像の作業が組み込まれています。それがどんどんできる子と、教えてもらってはじめてできるようになる子がいる。生徒のレベルに応じたさまざまな練習方法がありうるでしょう。文脈把握の力は、間違いなく学校で鍛えることが可能であり、他の人が文脈とどのように付き合っているかを知ることからも、多くを学ぶことができるはずです。

他の項目と同じく、文脈といかに付き合うかも、この短いスペースで説明するにはあまりに奥深いものですが、少なくとも「読解力がない！」という指摘がなされる時、文脈が読めておらず、言葉の背後にどのような場面が想定されているかが理解できていないということは非常に多くあります。注意力の点検にばかり目を向けていたら、より根源的なこの能力が等閑視されてしまうかもしれません。意味を受け取る前に、人はまず意味を生み出すコードを理解します。そうした「意味の場」があることを知るのは、文理を問わず重要でしょう。

読解力とイライラ

⑥では、「読解力がない！」との断定の背後にある、「どうして私と同じように意味がと

れないのだ!」というイライラに注目しました。「読解力がない!」という事態は、①や④のように「読み手」の責任であることもあれば、②のように「書き手」に原因があることもある。しかし、それだけではありません。今ひとつの可能性として、複数の読み手の間で「読み」が異なるということがある。そんな時、ある読み手にとってどうしても別の人の「読み」が許せなくて、「読解力がない!」という発言につながることがあります。

ここでとくに想定したいのは「どうして私と同じように意味がとれないのだ!」とイライラしている人が「正しい読み」をしている場合です。そして、非難されている側の「読み」が多くの人の読みとは異なっている、とする。

おそらくみなさんは、「それなら、そんな変な読みをした人がいけないのでは? イライラしている人が正しいわけだから、それで一件落着では?」と言うでしょう。

しかし、現実にはこの「正しさ」が問題になることもありうると私は考えます。なぜなら、⑤でも確認したように、言葉というものは文脈次第でまったく違った意味を持つからです。「正しさ」は容易に「誤り」に変貌する。その転換の劇的さは、さながらオセロの一発逆転のよう。

また②でも確認したように、書き方次第で伝わったり伝わらなかったりということもある。だから、そうした誤読や異読に備えて、私たちは「この言葉はおそらくこのように読むべきなのだろう」と正しい読みを追求する一方で、「この言葉はこのように誤読される可能性があるかもしれない」「異なる読まれ方をするかもしれない」と想像する能力が必要になる。

え〜、面倒くさい！　そんなの不必要だ！　と言う人もいるかもしれないので、ごく簡単な例をあげましょう。たとえばあなたが食品メーカーに勤めているとしましょう。新しく「レトルト豆腐」を開発し、その温め方にひと工夫してパッケージに明記した。もちろん、消費者が間違えないように明晰《めいせき》な但し書きをつけたつもりです。

しかし、問題はその先です。「これは正しく書いたから大丈夫」で終わりでいいでしょうか。むしろ勝負はその先でしょう。「たしかにこれは正しいことが書いてある。しかし、にもかかわらず間違えて読んであぶない温め方をする人もいるのではないか」と、異読の可能性を点検する必要があるのではないでしょうか。それらの異読の可能性を想像し対策をとったパッケージではじめて、その商品を安全なものとして流通させることができる。

私たちが社会で生きていく時には、自分の発信した情報を他者に読まれ、解釈され、何らかの反応を得る機会が必ずある。そういう時に大事なのは、もちろん自分の伝えたいことを正しいやり方でわかりやすく表現することですが、もう一つ重要なのは、異なる読みや誤読の可能性に敏感になり、想像し、時には受け入れることです。

相手が誤読をした時に「何で私のように読めないんだ！」と怒ってもあまり意味はありません。もちろん間違いを指摘し、正しい読みを教えることは大事ですが、同時にそうした読みがありうることを察知し、場合によっては許すこともいろいろな意味で役に立ちます。何よりもよけいなトラブルを回避できる。

私は仕事柄、書評などを書く機会が多いのですが、書評は必ずしも自分の読みを押しつければいいというものではありません。むしろ書評を書いていて大事だなと思うのは、他の読者がしそうな読みを想像すること。そして、そうした読みと自分の読みとの擂《す》り合わせを行ってみること。どっちが正しいということではなく、まずはそのテクストの中でさまざまな読みがどのようにぶつかりあうかを想像してみるのです。

複雑なことを表現しているテクストはしばしば多義的に書かれています。テクストが異読を誘発するように出来ているということです。それがテクストの中でいろんな意味が拮《きっ》抗《こう》しているということです。「これだけが正解だ！」という決めつけは、そういう場合、有効ではありません。むしろ、いかに異なる読みが生じうるかを一望の下にするような読みこそが必要になる。言うまでもなく文学作品はこうした読みの練習には最適ですが、別に文学にこだわる必要はありません。大事なのは、たとえ「正しい読み」にたどりついたと思った時にも、あえて「別の読み」を想像するということです。

今、書評という行為に触れましたが、こうした読みの練習のためには、「自分はどのように読んだか」ということを表すだけではなく、「自分とはちがうこのような読みもあるかもしれない」と考えてみるのも大事だと私は思います。教室でも、そうしたプロセスを助けるような作業を行うことができるのではないでしょうか。

なぜわけのわからない文章を読むべきなのか

ようやく⑦にたどりつきました。こうして見てくると、読むという行為がいかに複雑なものか、それを鍛えるということがいかに難しく、奥深く、しかし、だからこそ興味深いものかがおわかりいただけたかと思います。

「読み」をめぐるこの奥深さは世界の奥深さとも直結しています。「読み」がただ一つの正解を求めるための作業だと勘違いしている人は、世界に対しても同じような態度をとり、世界を一義的にまとめようとしがちです。そうした姿勢がどうしても必要な局面があることは否定しません。しかし、実際に生きていく上では「世界はいろんな顔を見せるものだ」ということをいやでも突きつけられることがある。必ずそういう状況が訪れます。それに備えるためには、世界の多義性や意味深さに対する畏怖は大切です。

⑦で問題にしたいのはこのことです。文章は、たとえ自分で書いたものであっても、書かれた瞬間から「**他者性**」を持ち始めます。よくわからない部分、誤解をまねく部分などが発生する。そうした多義性や流動性、不安定性とどう付き合うかを①から⑥である程度具体的に考えてきたわけですが、その前提として重要なのが「そもそも文章というのはそう簡単にはわからないものだ」という覚悟のようなものです。

「覚悟」という言葉を使ったことからもわかるように、この心情は「諦め」や「放棄」とは異なります。むしろ、「そう簡単にはわからないけれど、それをわかろうとするところに喜びや発見がある」ということです。そうした姿勢を養うためには、読み手におののきを与えるような文章を読ませることがおおいに役に立ちます。国語科目でこれをやらずして、どの科目でやれるでしょう。わけがわからないけれどすごく歯ごたえのある文章と、感動的な文章とは地続きです。そうした文章を生徒に提供し、それらと取り組むための入り口を示したい。むろん「文学」にこだわらなくてもいい。学習指導要領にも「他者」という言葉が躍っています。他者とどう付き合うかは人間の永遠の課題です。「人間というのはわからないものだ」「謎に満ちている」「いったい何をするかわかりゃしない」という状況を、言語的な「感動」として体験させる。これこそが国語という科目の芯となるべき理念ではないでしょうか。

なお⑧では「内容」に触れています。実は「内容が難しすぎて読めない」という事態は①から⑦のどれでも生じ得ます。あまりに当たり前の論点に聞こえるでしょうが、八番目にこれをもってきたのはわけがあります。

人間は言葉を理解する時に、いきなり目の前にある文の意味を受け取るのではありません。まずはそうした文につきまとう空気に触れ、背後にある「場」や「流れ」をとらえ、「あ、そういう話なわけね」という前提を了解したうえで、意味を受け取ります。この「場」や「流れ」が⑤でも注目した文脈です。そこには感情的な抵抗すら混じるかもしれません。意味は決してニュートラルに理知的に受け取られるものではない。時には「好き」とか「キモい」といった感情や気分もからむ。感情や気分でつまずいて拒絶反応が起きたら、本来、わかるものもわからなくなる。意味の受容はそれだけデリケートなものです。記号の演算処理だけで行われるものではない。言葉の運用には頭だけでなく心や身体が密接にからむ。だから、教科書が理解できないその原因をすべて「読解力のせいだ」と一括《ひとくく》りにして「だから国語がダメなのだ」とする議論はあまりに粗雑だというほかないでしょう。「読めない」ことの背後には、もっといろんなものが蠢《うごめ》いている。

⑦で文章の根本的な他者性や多義性が、世界の他者性や多義性とつながっているとしたのはそのためです。文章がわからないことの背後には、当然、世界がわからないということがある。極端に言えば、世界とはそもそも読めないものである、という視点だってありうるのです。言葉と世界を一対一で対応させれば「読めない！」という事態が解消できる

などと考えるのは、乱暴を通り越してほとんど野蛮ではないかとさえ思えてきます。

生き延びるための読解力

こうしたことを踏まえずに、何となく耳に響きのいい「読解力の危機!」という宣伝文句に飛びつけば、偏った形の「テスト礼賛」の気運が生まれるだけではないかと私は危惧します。これでは読解力の育成どころか、「テスト漬け」の日々が受験生を待っているだけ。テスト対策が繰り返されるだけでは、「読む」という行為のもっとも大事な部分はなおざりにされます。

⑨の「『胡散臭さ』への拒絶反応」はこうした状況を踏まえて入れたものです。ある種の文章やキャッチコピーを読んで、「あれれ。これはさすがにおかしくない?」と直感的に感じることが私たちにはあります。事実として間違っているかどうかはすぐにつきとめられなくとも、「こういう書きぶりをするのはどうも胡散臭い」とか「なんでそうなるの?」という疑念を持つ。そうすると、多少、慎重な行動がとれます。もちろん、直感だ

けを頼りに最終判断を下すのは駄目ですが、この直感を出発点に「ちょっと待てよ」とか「じゃあ、あとで調べてみよう」とか「少なくとも今は判断保留」というふうに自己防衛をするのは、人間の重要な本能です。腐った牛乳を口にした時に「あれ、何か変だな?」と思う、あの感覚です。

文章とはわからないもの。「あれ?」の先にとてつもない感動が待っていることもあれば、とんでもない屁理屈《へりくつ》が埋めこまれていることもある。書かれた言葉に限りません。言葉に接する時、つねに私たちはそうした「未知」と遭遇する。だから、センサーを働かせ、感性のスイッチを入れ、判断を行う必要がある。そんな能力を鍛えるためにどんな練習をすればいいのか、これからも国語の授業の中でいろいろなアイデアが出てくるのではないかと楽しみでなりません。

註

＊1　「読解力がない」の九項目を見た研究室の大学院生から、もう一つ重要なものがあるのではないかと指摘を受けたのが、⑩として加えた**「別の読み手の『読み』に引きずられすぎて、自分の主体的な「読み」ができなくなっている」**です。これは①〜⑨のほとんどすべてとも連動しているとともに、独立項目として立てるに値するものでもあるので、追加しました。文章を読むにあたっての偏見や先入観が関係しているでしょうから、③や⑨あたりと合わせて対策をとるといいかもしれません。

私たちの道具への依存は日々高まっています。「読む」という行為も媒介のない直接的なものではありえません。しかし、自分で読むということをまったくしなくなったらどうなるか。読むことまで「誰かにお任せ」状態になったらどんな事態が引き起こされるか、少し想像してみればわかるのではないでしょうか。そのあたりの啓発が国語の授業で必要なのは言うまでもないことです。

＊2　「注意」の歴史については、ジョナサン・クレーリー『知覚の宙吊り——注意、スペクタクル、近代文化』岡田温司監訳、石谷治寛・大木美智子・橋本梓訳（平凡社、二〇〇五年）が参考になります。一八八〇年代から「注意散漫」の時代が始まるという視点が提示されていて興味深いです。拙著『文学を〈凝視する〉』（岩波書店、二〇一二年）では、注意や凝視が実は不注意や注意散漫、錯覚の温床にもなるという考えを示しました。

付記：本稿は『現代思想』（二〇一九年五月号）に掲載した「『読解力が危機だ！』論が迷走するのはなぜか？――『読めていない』の真相をさぐる」とシンポジウムでの発表原稿を合わせて改稿したものであることをお断りします。掲載にあたってご許可をいただいた『現代思想』編集部にあらためて感謝いたします。

第二章

言葉の豊かさと複雑さに向き合う

――奇跡と不可能性の間で

沼野充義

簡単な表現でも「正しく」翻訳できるとは限らない

現在議論されている国語教育改革の中で、実用的な国語が重んじられ、文学がないがしろにされるのではないか、という懸念を表明する専門家がいます。私は文学の研究者ですが、なにも文学の利権を固守するために「もっと文学を！」などと声を張り上げるつもりはありません。しかし、文学の表現の特徴として忘れてはならないことがあって、国語教育や国語の試験の際にもきちんと考慮されるべきだと考えます。それは、いろいろな問題に対して、答えは一つではないということを文学ほどはっきり示すものは、ほかにないということです。文学表現では曖昧であること自体にむしろ意味がある場合さえあります。

しかし、試験問題は形式的な論理を無視してはいけないし、当然のことながら、試験問題には必ず一つの正解がないといけない。稀《まれ》に（いや、しばしば？）大学入試などで出題ミスがあり、一つの正しいものを選べという選択肢問題なのに、正しいと言えるものが二つあったり、逆に一つもなかったりすることがあり、そういう場合、大学の責任者がいちいち謝罪することになります。数学や物理などはそれも当然かもしれません。しかし、人間の言語表現に関する限り、「一つの正解」にこだわりすぎると、おかしなことになる危険があります。狭く「文学」と限定せずに、もっと広く言って、人間の言語に本来そなわっている豊かさや複雑さ、曖昧さ、多義性を無視する恐れがあるからです。試験というものはそういった危険を十分に意識したうえで作るべきであって、人間の言葉の素晴らしい豊かさと複雑さに対する驚嘆の念を失ってはならない、というのが本章で私の主張したいことです。

「一つの正解」があるわけではない、ということについて、分かりやすい例を挙げましょう。「YOUは何しに日本へ?」というテレビ東京の番組があります。日本に来た外国人をつかまえて、いきなり「インタビュー、OK?」というカタコト英語で話しかけ、日本に何をしに来たか、訊《き》いて取材するというもので、けっこう人気があるようです。

しかし、その質問の英語にはじつは問題があります。「YOUは何しに日本へ?」という珍妙な日本語は面白可笑《おか》しくするためでしょうからそれはしかたないとして、それが英語では“Why did you come to Japan?”となっているのです。これは文法的には正しいし、おそらく「あなたはなぜ日本に来たのか?」という日本語を英訳せよ、という試験問題に対する解答としては満点でしょう。しかし、それで正しいと思って疑わないことがじつは非常にまずい。

このことは日本に住む英語ネイティヴ・スピーカーたちの間では、「日本人の英語の不自然さ」の一例としてすでに広く話題になっているようなのですが、要するに、こんな言い方で質問をいきなりされたらあまりいい気持ちがしないという点が問題なのです。もちろん、空港に降り立った時、いきなり訳のわからないTV番組の人間と称する日本人につかまって、「何をしに来たのか?」と訊かれたら、むっとして“None of your business!”(余計なお世話だ)と返したくなる人も少なくないでしょう。でも番組で取材を受けている人たちはみなにこにこ答えてくれている。こういう変な出迎えも日本の面白いところの一つと楽しんでいるのかもしれない。こういうやりとりを見ていると、私は「日本て、なんていい国でしょう!」と自画自賛するよりも、むしろ「日本に来てくれている外国の皆さんは、なんていい人たちなんだろう!」と感謝すべきではないかと思ってしまいます。

しかし、ここで指摘しておきたいのは、"Why did you come to Japan?" という言葉づかいそのものの問題なのです。確かにこの英文は間違っていません。しかし、英語としては、問いただしているような感じがして、歓迎しているようには聞こえません。

では、こういうことをもし訊《たず》ねるとしたら、英語ではどう言ったらいいのでしょうか？英語のネイティヴ・スピーカーたちが共通して指摘しているように、英語で一番自然な言いかたはおそらく、"What brings you to Japan?"（あるいは過去形にして"What brought you to Japan?"）でしょう。"bring"という動詞は「連れてくる、持ってくる」という意味ですから、直訳すれば「何があなたを日本に連れてくる（きた）のか」ということです。簡単な構文ではありますが、「何が」といったモノや抽象語を動詞の主語にする発想法は、日本人には馴染《なじ》みにくく、使いこなすのは難しいようです。

ちなみにこの種の「何」を主語にして訊く言いかたは、英語だけの特殊な発想法ではなく、ドイツ語やフランス語など、他のヨーロッパの言語にも共通しています。日本では「外国語」というと自動的に「英語」をイメージすることが多いのですが、英語は世界の言語の一つに過ぎません。もっと様々な言語を視野に入れながら、ことばの世界の豊かさを考えていくのは大事なことです。ロシア語でも《Что《シトー》 привело《プリニエスロー》 Вас в Японию《ヴァスヴャポーニュ》?》と言うことができますが、これは英語とまったく同じで、「何があなたを日本に連れてきたのか?」という意味です。もっと面白い私の好きな言いかたでは、《Каким《カキーム》 ветром《ヴエートロム》 занесло《ザニエスロー》 Вас в Японию《ヴァスヴャポーニュ》?》というのもあります。「どんな風にあなたははるばる日本まで運ばれてきたのか?」といった感じで、日本語の慣用句「どんな風の吹き回しで」に妙に似ています。もちろんこれは半ば冗談で使ってください。

閑話休題。いずれにせよ、今の英語教育では"Why did you come to Japan?"ではなぜダメなのか、感じ取れるようになるところまではなかなか行かないようです。おそらく試験問題に対する「正解」を追い求めるあまり、言葉によるコミュニケーションが実際にどのように行われるものなのかに注意を払う余裕がないからではないでしょうか。ある言い方をしたら、相手がどんな気持ちになるかを理解する共感能力を育てなければ、良好なコミュニケーションは成立しません。そして、何をどう言うべきかについては、発話の場に応じて、いくつもの様々な正解があるのです。世の中はグローバル人材に必要な英語力だとか、四技能だとか、議論がかまびすしいのですが、たった一つのフレーズの訳し方を見ても、それ以前の大事な問題がここにあることが分かるでしょう。

文学的教養の大事さ

ここで少し話題を変えて、言葉の背後にある文化や文学の伝統の豊かさについて考えたいと思います。人間の言葉というのは社会的・歴史的なものです。「令和」という元号も、日本の古典である『万葉集』から取られたということが話題になりましたが、『万葉集』とはいってもそこに収録されている歌からの引用ではなく、巻五に収められた梅花の歌三二首への序文に基づいたものであり、原文は漢文、つまり中国語です。そして当時日本人が書いていた漢文の多くは、当然のことながら、それ以前の中国の古典をお手本にしているわけで、「令和」にしても『万葉集』よりもはるか昔、後漢時代の張衡《ちょうこう》が著した「帰田賦《きでんのふ》」という作品の中の「仲春令月、時和気清」(仲春の令月、時は和し気は清《す》む)が典拠ではないかという指摘もあります。「令和」という元号を考案した人がはたして、そこまで典拠を踏まえていたかどうかは分かりませんが、重要なのは、言葉はこのように長い歴史の

ナタリア・ポクロンスカヤさん（右、写真：TASS／アフロ）と、彼女を描いたイラスト（左、台湾のイラストレーターleaf98k氏の作品）。

中で使われ、受け継がれ、共有の財産になってきたということです。二一世紀に日本で用いられる元号がはるか昔の古典『万葉集』にまでさかのぼり、その『万葉集』の多くがさらにそのはるか昔に中国で書かれた古典に典拠を持っているということ自体、言葉の素晴らしい生命力を物語るものでしょう。

ここで、日本の古典の世界を離れて、まったく別の、現代の外国の話題を出したいと思います。

上の写真をご覧ください。これは、現代ロシアの政治家ナタリア・ポクロンスカヤさん（一九八〇年生まれ）です。ウクライナのクリミア検事総長まで務めた後、クリミアがロシアに併合されるとロシアに移って、プーチン政権下で重用され、いまは国会議員として活躍しています。ご覧の通りの美貌ですから、ネット上に写真が出ると人気が燃え上がり、「萌《も》え絵《え》」と言うんでしょうか、漫画風のイラストまでネット上に出回っています。

このポクロンスカヤさんは最近（二〇一六年一一月）、ある失言がネット上で炎上してしまったんです。その理由がちょっとすごい。ラジオのトーク番組に出演した時、彼女はロシアの名句を引用して、「ほら、『お勧めはしたいけれど、お仕えするのはうんざりだ』って言うでしょ？　ロシアの偉大なスヴォーロフ将軍の言葉です」と言ったのですが、実はこれは間違いだった。

すると司会者のほうが教養があったものですから、「いや、それを言ったのはグリボエードフのチャーツキイです」って、誤りを指摘したんですね、その場ですぐに。そうしたらポクロンスカヤさんは、自分の間違いを素直に認めないで、「いや、スヴォーロフも言ったんです。つまり二人ともそう言ったんです」と言い張った。

ここで少し説明を加えておくと、チャーツキイというのはグリボエードフという作家の戯曲『知恵の悲しみ』の主人公です。これは一八二七年に初演された作品で、ほとんど二〇〇年も前に書かれた古典ですが、いまでも文学的教養のあるロシア人ならば誰でも知っている名作です。主人公の青年チャーツキイは長い外国旅行からロシアに帰ってきて、かつての恋人の家を訪ねるのですが、恋人の父親である役所の長官を始めとして家中が打算と偽善にまみれた生活をしているのに呆《あき》れて、猛烈な批判を始めると、かえって狂人扱いされて、立ち去らざるを得なくなる、という話です。頭もよく批判精神にも富んでいるのに、祖国に居場所を見つけることができず、自分の才能を活《い》かすことができない——チャーツキイはロシア文学にしばしば登場するこういった「余計者」と呼ばれるタイプの原型として重要なキャラクターですが、意外に現代の日本にもいそうなキャラクターではないでしょうか。

ポクロンスカヤさんは、そういう有名な作品の主人公の言葉をまったくお門違いの、実在する歴史上の将軍の言葉だと言い張ったわけです。文学からの引用を間違えた程度のことでどうした、と思われるかもしれません。しかしロシアでは、ポクロンスカヤさんのこの恥ずかしい引用の取り違えの後、インターネット上で非難がごうごうと湧きおこりました。こんな有名な言葉の出典を知らないのは許しがたい無知無教養だ、というわけです。文学的な教養がそれほど重視されていて、文学の名文句を間違えて引用しただけでこれほど批判を浴びる国もあるということです。

それに対して日本では、最近はどうも、政治家は文学からの引用どころか、そもそも文学をほとんど読んでいないのではないか、という印象を受けます。官僚が用意してくれた文書を読み上げる際にも、ずいぶん愉快な漢字の読み間違えがしばしばあるのは、ご存じの通りでしょう。少なくともこういう政治家たちに国語教育に口を出す資格があるとは思えません。受験生ではなく、政治家志望の人たちに国語の試験を受けてもらったらどうか、などとも思います。

コミュニケーションが成り立たない場

ただし、現代の日本における本質的な問題は、文学的教養がないとか、漢字を知らないとか、あるいは英語ができないといったことではありません。いま一番突出しているのは、広い意味でのコミュニケーションが劣化しているということです。政治家に限らず、企業や様々な組織の責任を負う立場の方々が、都合の悪いことを聞かれると、回答は「控えさせていただく」と言って、平然と質問を無視する。何かが「問題ではないか」と訊かれても、「適切に対処しています」の一言で答えが終わる。具体的なことを訊かれると、「個別の案件についてはお答えを控えさせていただきます」といって平気で回答を拒否する。すべてそういった調子です。そんな風に対話を遮断し、コミュニケーションを断ち切るふるまいが横行しています。大人たちがこんなことを国会や記者会見で平気でしている世の中で、子供たちにコミュニケーションの大事さを教えるのは難しい。

政治的な言説の領域では、さらに困ったことに、明らかな虚偽を自信たっぷりに本当のことのように言い張って人々の感情に訴えかけ、それを「真実」として通用させてしまうという現象が顕著になってきました。これは世界的に蔓延《まんえん》しつつあって、むしろトランプ政権下のアメリカのほうがひどいかもしれません。最近ではこの現象に“Post-Truth”（ポスト・トルース。ポスト真実、あるいは脱真実）という新しい名前さえ与えられています。ポスト・トルースは結局一方的なプロパガンダであって、ここでも双方向の対話は成り立っていません。最近非常に増えている政治家の失言というのも、ポスト・トルース時代を象徴するものでしょう。失言を批判された政治家は、決まって「誤解を与えたとしたら申しわけありませんというおう謝るのですが、これは自分の不適切な発言を棚に上げて、「皆さんが誤解しただけでしょう」と開き直っているも同然です。ここでもまともなコミュニケーションが成り立っていません。

そもそも失言とは、根本的にはコミュニケーション能力の欠如のあらわれです。一部から顰蹙《ひんしゅく》を買うことを承知で本音をずばっと言えば、支持者たちから喝采されるという計算もあるのでしょうか。しかし、自分の言ったことが当事者にどんな思いをさせるかということが、考慮に入っていません。コミュニケーションというのは、自分がいて、相手がいて初めて成り立つわけですから、相手のことを考えないでものを言うのは、コミュニケーションの前提を最初から無視していることになります。

こういったコミュニケーションの問題を念頭に置きながら、教育や入試問題についてさらに考えていきたいと思います。ご存じの通り、最近英語教育の改革をめぐる議論の中でコミュニケーションやその口頭での実践、つまり会話が特に重視されています。また国語については、実用文や論理国語などに焦点が当てられています。これもまた広い意味での「社会的コミュニケーション」を重視する方向と言っていいでしょう。そこでは文学がその対極に置かれており、どうやら、文学は実用的でもなければ論理的でもない、という誤った発想が根底にあるようです。

しかし、コミュニケーションと一言で言っても、人間の言語は非常に複雑です。同じ言葉、同じ表現が、文脈によって、状況に応じて違う意味になることは珍しくありません。また、立場によっては違った風に受け止められることもある。ある人たちにとって「共産党!」というのが罵り言葉だとしても、別の人たちにとってそれは素晴らしい褒め言葉なのかもしれません。また日本では「バイリンガル」と言えば、とてもカッコいい素晴らしいことだと思う人が大部分でしょう。日本語だけでなく、英語も「ペラペラ」という肯定的なイメージがあるからです。しかし、同じその言葉が、アメリカ合衆国やロシアのような多くの民族をかかえた大国では、まったく違ったニュアンスを持ち得るのです。そういった国では、「バイリンガル」という言葉が喚起するのは、しばしばメジャーな言語(アメリカ合衆国の場合英語、ロシアの場合ロシア語)を完全には使いこなせないか、あるいは使いこなせるにしても訛《なま》りが強い、社会的に劣った地位にある少数民族や移民というイメージだからです。

言葉を使ったコミュニケーションでは、人はわざと逆のことを言うことさえあります。「皮肉」（アイロニー）と呼ばれる修辞技法です。ごく簡単な例を挙げれば、馬鹿なことを言った相手に対して、嫌味たっぷりに「君は頭がいいねえ」という類いのことですが、注意しなければいけないのは、ある発話がアイロニーなのか、額面通り受け取っていいことなのかは、言葉の字面だけでは判断できず、判断するためには言葉が発せられた具体的な状況や背景を知る必要があるということです。また皮肉（嫌味）を言われた人が、それを皮肉だと理解する知性がなければ、話になりません。

言語の様々な機能

つまり、言葉がどんな意味で使われているかを判断するためには、必ずその言葉が使われる具体的な場が必要だということです。そして、コミュニケーションが成り立つ場には、様々な要素が関わっていて、言語のいろいろな機能が使われています。言語がどんな機能を持っているかについては、言語学者、社会学者、哲学者がこれまで難しい議論を重ねてきましたが、ここでは分かりやすい一つの考え方として、ロマン・ヤコブソンという言語学者が唱えた六機能説を取り上げて少し考えてみましょう（これは「言語学と詩学」〈一九六〇年〉という論文で詳しく説明されたもので、ちょっと古いのですが、いまだによく参照される重要な論文です）。

ヤコブソンは言語表現を一種の伝達（コミュニケーション）の仕組みと見なしたうえで、その伝達行動を成立させるために必要な六つの要素を挙げます。まず発信者（話し手）と受信者（聞き手）がいなければ、コミュニケーションは成り立ちません。この二人が会話を行う具体的な場（文脈）も必要ですし、二人が接触できなければやはりコミュニケーションは成り立ちません。「接触」というとちょっと変な感じがするかもしれませんが、物理的に触らなくてもいいのです。とにかく何らかの接点があればいいのであって、空気によって音が伝えられることも、電話線によって、あるいはインターネットによってつながるのも「接触」の一種です。そして伝達の乗り物となるのが言語（より広く言ってコード“code”、つまり符号の体系）で、それに乗って運ばれるのがメッセージです。

この六つの関係を私なりに図解してみると、次の図のようになります。

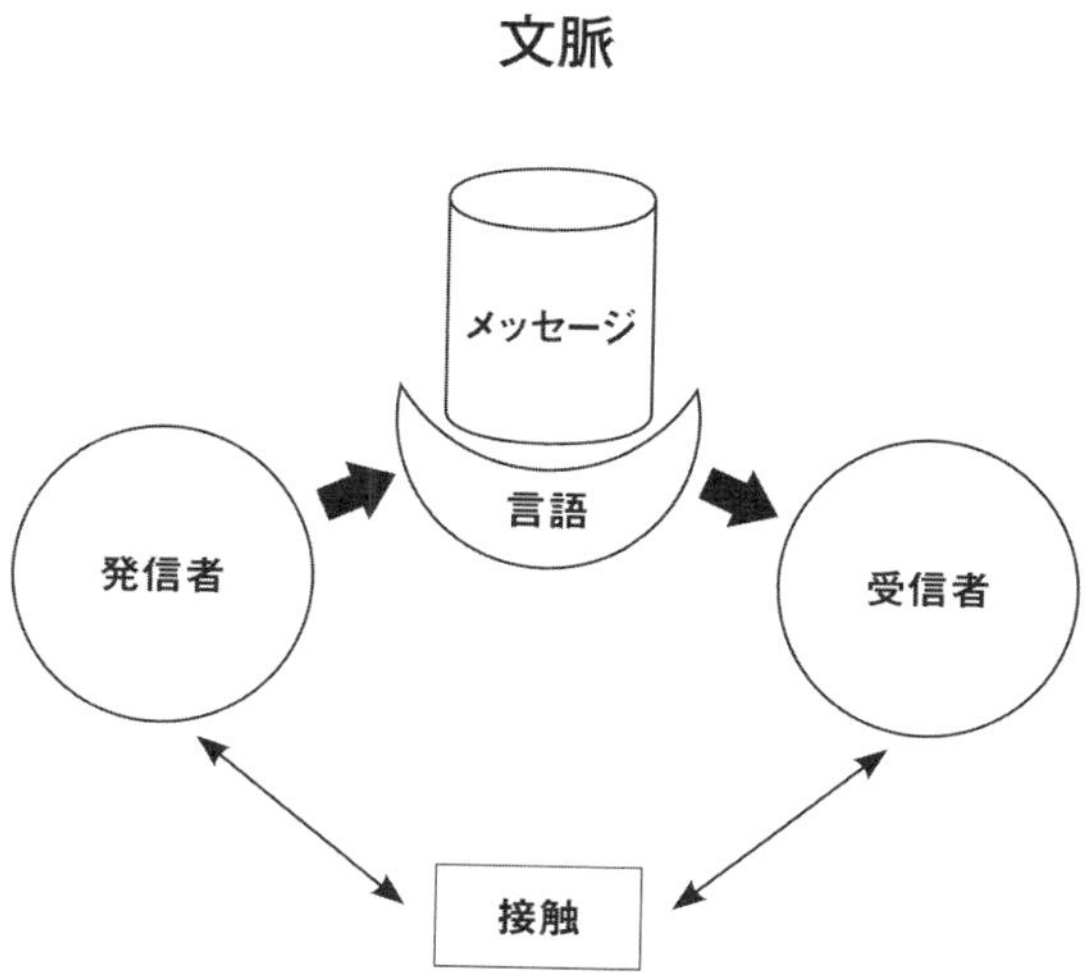

・言語による伝達（コミュニケーション）は特定の「文脈」のもとで成り立つ。
・発信者と受信者は何らかの形で「接触」を持っている。
・言語という形式を介して「メッセージ（広い意味での「詩的」な表現）」が伝達される。

ヤコブソンの六機能説において、言語表現の伝達行動に必要とされる六つの要素の間の関係を図示したもの。

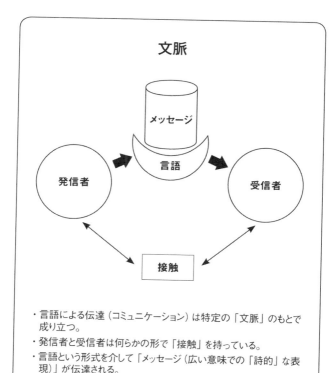

そしてヤコブソンは、言語がそれぞれの要素を指向した時に果たす機能を六種類規定しています。その対応関係を一覧にすれば次のようになります。

発信者（addresser）――感情（emotive）機能
受信者（addressee）――働きかけ（conative）機能
接触（contact）――話しかけ（phatic）機能
言語［コード］（code）――メタ言語（metalingual）機能
文脈（context）――指示（referential）機能
メッセージ（message）――詩的（poetic）機能

なんだか訳のわからない名前も出てきますが、この章の内容に関係のある範囲で、ごく簡単に説明してみましょう。まず「発信者」に焦点を合わせるということは、発信の原動力となる、発信者の「感情」を指向することになります。「受信者」に重点が置かれれば、受信者に働きかける（さらには何かをさせる）という機能になります。ヤコブソンはその機能に“conative”という名前をあてましたが、これはちょっと珍しい形容詞で、ここでは働きかける作用を持った、くらいの意味と考えてください（心理学では動能的という訳語をあてているようです）。

そして会話が成立するためには、「接触」が必要ですが、接触そのものを指向した時は言語の「話しかけ機能」が使われることになります。英語の“phatic”という単語も普通にはあまり使わない形容詞で、専門的には「交話的」と訳すことが多いのですが、ここでは分かりやすく「話しかけ機能」としておきましょう。「もしもし」などと言って話しかける場合が典型的ですが、もっと広く言えば、社会生活における挨拶全般が「話しかけ機能」を使った言語行動とも言えます。例えば「こんにちは」という挨拶の言葉自体にはたいした意味はなく（実際、「こんにちは」が何を意味する表現なのか、考える人はあまりいないでしょう）、話しかけることによって接触を生じさせるために使われるからです。

「言語」（コード）そのものを指向する場合は、「メタ言語機能」（言語についての言語）というものが使われることになります。言語はメッセージを乗せるいわば乗り物ですから、それがどんな乗り物なのか意識的に考えるような機能です。ここで「メタ」というのは「〜

についての〜」という意味です。自分たちが使っている言葉がはたして共通のものなのか、確認することもまた言葉によってなされるわけです。

そしてその次に、コミュニケーションが行われる文脈（具体的な場）を指向する場合は、「指示機能」が使われることになりますが、これは会話をする二人の外に実在する具体的なものや状況があって、言葉はそれを前提として「指し示す」機能を持つからです。当たり前のようですが、じつは昨今の時世を見るとそれほど当たり前ではないかもしれません。党利党略のために事実でもないことをあたかも事実のように言いたてる人間たちが、政治家の中に増えているからで、こういう場合、言語の「指示機能」は実在しないものを指し示すように見せかけるフェイク機能を担っていることになります。それで思い当たるのは、じつは言葉は真実を述べるだけではなく、嘘《うそ》をつくこともできるということです。ある意味では恐ろしいことですが、これも言語の持っている「創造的」な機能の一つだと考えることができるかもしれません。ただし言語の持つこの種の機能、あえて呼べば嘘つき機能、フェイク機能、プロパガンダ機能、煽動《せんどう》機能といった側面については、むしろ社会学の領域で論じてもらうべきなので、ここではこれ以上立ち入らずに話を先に進めます。

そして最後に残ったのが、伝達される「メッセージ」。伝達されるメッセージというと「情報」のことかと早合点する人がいるかもしれませんが、ヤコブソンの「メッセージ」には特別な意味があります。これは必ずしも分かりやすくはないのですが、私の理解では、それは伝達される情報や細かい知識のことではなく、表現そのもの、つまりある発話によって表現されることの本質であり、どうして他ならぬその言語形式によって表現しなければならないのかを受信者に伝えるものなのです。そのようにメッセージを理解すると、メッセージそのものを指向する、あるいは焦点化する言語の機能をヤコブソンが「詩的機能」と規定したことの意味も分かってきます。

簡単な例を挙げてみましょう。「古池や蛙《かわず》飛び込む水の音」という、誰でも知っている有名な芭蕉《ばしょう》の俳句がありますが、これは意味だけとって考えれば「古い池に蛙が飛び込んで水の音がした」というだけのことです。しかし、それを他ならぬこの五七五の形式にまとめ、「〜や」という切れ字を用い、体言止めで余韻を持たせるといった言語形式で表現することによって、これは詩的言語になっているので、そういった言葉でなければ表現できないものこそが、ヤコブソンの言う「メッセージ」なのです。ただしこれは文字通り

「詩」だけにかかわるものではなく、ヤコブソンの考えでは言語一般にそなわった機能です。

「詩的機能」をこのように重視しているのは、言語学者ヤコブソンの際立った特徴です。ヤコブソンは世界数十ヵ国語に通じ、二〇世紀の科学的な言語学の基礎を築いた天才ですが、その彼が一生を通じて追い求めていたのは多様な言語のあり方であるとともに、様々な言語によって表現され得る「詩的なもの」だったのかもしれないと思えてきます。

言語によるコミュニケーションを成り立たせる場とそこで用いられる言語の機能について、やや面倒な議論に踏み込んでしまいましたが、お断りしなければならないのは、ヤコブソンの考え方が絶対に正しい定説だというようなものではないということです。これはむしろ認識論・哲学的な「解釈」の次元に属することであって、これ以外にも言語の根本的「機能」と思われるものは、論者の立場によって様々なものを挙げることができるでしょう。人間は「ホモ・ルーデンス（遊ぶ人間）」だという立場からすれば、「遊戯機能」というのがあってもよさそうですし（駄洒落《だじゃれ》の好きな人は、その機能を特に活用しているということになります）、言語には古来「呪術的機能」や「象徴的機能」も備わっていると考える人たちもいるでしょう。

いずれにせよ、ここで申し上げておきたいのは、こういう様々な要素や機能が複雑に絡み合って成り立っているのがコミュニケーションだということです。そのうちのどれか一つだけ、例えば情報伝達だけを取り上げて試験して、人間の言語能力を評価しようとするのは根本的に無理があるという自覚が必要です。

さらに注意していただきたいのは、ロマン・ヤコブソンの図式が、そもそも言語を広い意味でのコミュニケーションとして見た場合の六機能だということです。言語はなにもコミュニケーションだけのための便利な道具ではありません。私は言語学者ではなく、文学研究に携わる立場から言うのですが、ごく単純に考えても、言語の基本的な機能には、伝達の他にも、まず思考の機能があります。人間は言語がないとものが考えられませんし、そもそも世界を認識するのも難しくなります。それからさらに、詩的機能をもっと拡張して考えれば、コミュニケーションを必ずしも前提としないところに成り立つ美的機能というものもあるでしょう。つまり言葉によって美を創り出し、美を味わうということです。

ただし、ヤコブソンの考えでは「美的機能」は「詩的機能」の中に含まれているのかもしれません。

　伝達・思考・美の三つは言語の基本的な働きとして、どれも非常に重要なものです。ここで思考についてのみ、一言補足しますと、与えられた情報がそのままインプットされて、それを一〇〇パーセント受け入れるだけでは思考になりません。思考というのは、与えられた情報に対して、それが正しいのか、そこにどんな問題があるのかということを、必ず自分の頭で考える能力を含みます。ですから思考というのは、必然的に批判的思考であるということになります。

　いま進められようとしている国語試験問題の改革で、実用的な文章を出すということに関する一番の問題点は、契約書とか校則などが既成事実として提示されて、そこに書かれていることが正しいという前提で受け止め、それをどの程度正しく理解したか試す試験になってしまうということです。しかしこの世の中の現実を見ると、そもそも契約書の書き方が公正であるとは限らないし、校則が全部妥当なものだとは限りません。世の中にあふれているこの種の文章は、そもそも日本語からして変なものが多く、よい日本語のお手本にはなりません。若い人たちに契約書や規則の読み方を教えるならば、むしろそこにどんな問題が潜んでいるのか、批判的に見抜く力を養ってもらいたいと私は思います。ただしそれは、国語よりはむしろ社会科の領域でしょうか。

花の色と匂いの複雑な関係——言語表現の難しさ

コミュニケーションが複雑なものだということを縷々《るる》述べてきましたが、そもそも言葉を使いこなすのはそう簡単なことではありません。有能な役人や難しい司法試験を突破してきた法律家の作成した公文書や法律でさえも、悪文が多いのが現状なのです。それほど扱うことが難しい言葉をどう使いこなすかについては、特に芸術表現にかかわる人たちが、古今東西、時代と国を越えて同じようなことに悩んできました。ここで一例として、『古今和歌集』の仮名序にある、紀貫之《きのつらゆき》の有名な言葉を見てみましょう。彼は当時の歌人たちについて、じつに的確な評価を下していきます。例えば、「在原業平《ありわらのなりひら》は、その心あまりて、ことばたらず。しぼめる花のいろなくて、にほひのこれるがごとし」。言いたいことはいっぱいある。内容はいっぱいある。心はいっぱいあるけど、それをうまく作品として表現する、形にするための言葉が足りないということです。

つまり煎じ詰めれば、言語芸術作品、言語表現における形式と内容の問題です。これは普遍的な問題で、『古今和歌集』が成立したのは一〇世紀初頭のことですが、そのほとんど一〇〇〇年近く後にフランスでドガとマラルメが会話の際にも同じようなことを繰り返しています。ドガは画家ですが、自分も詩を書いてみたいと思いました。しかし、観念《イデー》はたくさんあるのに、どうもうまく詩にならない、と自分の悩みを詩人のマラルメに打ち明けると、マラルメは「親愛なるドガ君、詩は観念ではなく、言葉でつくるものです」と答えています。

ここで言う「観念」とは詩の内容、「言葉」というのは詩の形式に関わることだと理解すれば、一〇〇〇年の時空を超えて、マラルメと紀貫之の言っていることの間には驚くべき一致が見られることが分かります。二人とも共通して示唆しているのは、詩において内容と形式を調和させるのがいかに難しいかということです。つまり人間はどうしたらよい言語表現ができるか、悩みながら今まで言葉を使ってきたということです。

繰り返しになりますが、言葉というのは、こんなふうに豊かで複雑なものです。コミュニケーション一つを取っても、非常に奥が深い。現代の国語入試の変更の方向を考えると、実用や論理がどうこうという以前に、言葉そのものに対する畏敬の念が失われつつあるのではないかということを危惧します。コミュニケーション、論理、実用などと言う前に、そもそもその根本にある人間の言葉というものの豊かさ、複雑さに向き合わなければならないのではないでしょうか。

センター試験の国語問題の実例に即して考える

ここまでやや抽象的な議論が多くなってしまったので、最後に、具体的な試験問題に即して考えてみたいと思います。二〇一九年度のセンター試験の国語（二〇一九年一月一九日実施）では、じつは私の文章が出題されました。「翻訳をめぐる七つの非実践的な断章——奇跡と不可能性の間で」というエッセイの一部です（拙著『W文学の世紀へ——境界を越える日本語文学』五柳書院、二〇〇一年、所載。雑誌初出はもっと古く、『早稲田文学』一九九五年五月号）。自分の文章を挙げて得々と解説するのもおこがましい話ですが、自分の書いた文章に基づいて作られた試験問題について、他ならぬその文章の著者がどう考えるか示すというのは、なかなか面白い試みではないでしょうか。お断りしておきますが、著者だからといって、自分の文章が客観的に一番よく分かっているとは限りません。

まずは、少し長くなりますが、試験問題そのものを引用します（ただし本章の論旨に直接関係ない設問は省略します）。

第1問 次の文章を読んで、後の問い（問1～6）に答えよ。なお、設問の都合で本文の段落に1～15の番号を付してある。（配点 50）

1 僕は普段からあまり一貫した思想とか定見を持たない、いい加減な人間なので、翻訳について考える場合にも、そのときの気分によって二つの対極的な考え方の間を揺れ動くことになる。楽天的な気分のときは、翻訳なんて簡単さ、たいていのものは翻訳できる、と思うのだが、悲観的な気分に落ち込んだりすると、翻訳なんてものは原理的に不可能なのだ、何かを翻訳できると考えることじたい、言語とか文学の本質を弁《わきま》えていない愚かな人間の迷妄ではないか、といった考えに傾いてしまう。

2 まず楽天的な考え方についてだが、翻訳書が溢《あふ》れかえっている世の中を見渡すだけでいい。現実にはたいていのものが——それこそ、翻訳などとうてい不可能なのように思えるフランソワ・ラブレー(注1)からジェイムズ・ジョイス(注2)に至るまで——見事に翻訳されていて、日本語でおおよそのところは読み取れるという現実がある。質についてうるさいことを言いさえしなければ、確かにたいていのものは翻訳されている、という確固とした現実がある。

3 しかし、それは本当に翻訳されていると言えるのだろうか。フランス語でラブレーを読むのと、渡辺一夫(注3)訳でラブレーを読むのとでは——渡辺訳が大変な名訳であることは、言うまでもないが——はたして、同じ体験と言えるのだろうか。いや、そもそもそこで「同じ」などという指標を出すことが間違いなのかも知れない。翻訳とはもともと近似的なものでしかなく、その前提を甘受したうえで始めて成り立つ作業ではないのだろうか。などと考え始めると、やはりどうしても悲観的な翻訳観のほうに向かわざるを得なくなる。

4 しかし、こう考えたらどうだろうか。まったく違った文化的背景の中で、まったく違った言語によって書かれた文学作品を、別の言語に訳して、それがまがりなりにも理解されるということじたい、よく考えてみると、何か奇跡のようなことではないのか、と。翻訳をするということ、いや翻訳を試みるということは、この奇跡を目指して、奇跡と不可能性の間で揺れ動くことだと思う。もちろん、心の中のどこかで奇跡を信じているような楽天家でなければ、奇跡を目指すことなどできないだろう。「翻訳家という楽天家たち」とは、青山南(注4)さんの名著のタイトルだが、A翻訳家とはみなその意味では楽天家なのだ。

5 もちろん、個別の文章や単語を(ア)タンネンに検討していけば、「翻訳不可能」だと思われるような例はいくらでも挙げられる。例えばある言語文化に固有の慣用句。昔、アメリカの大学に留学していたときに、こんなことを実際に目撃した記憶がある。中年過ぎの英文学者が生まれて始めてアメリカに留学にやって来た。本はよく読めるけれども、会話は苦手、という典型的な日本の外国文学者である。

彼は英文科の秘書のところに挨拶に顔を出し、しばらくたどたどしい英語で自己紹介をしていたのだが、最後に辞去する段になって、「よろしくお願いします」と言おうと思って、それが自分の和文英訳力ではどうしても英訳できないことにはたと気づき、秘書の前に突っ立ったまま絶句してしまったのだ。

6 「よろしくお願いします」というのは、日本語としてはごく平凡な慣用句だが、これにぴったり対応するような表現は、少なくとも英語やロシア語には存在しない。もっと具体的に「私はこれからここで、これこれの研究をするつもりだが、そのためにはこういうサーヴィスが必要なので、秘書であるあなたの助力をお願いしたい」といった言い方ならもちろん英語でもあり得るが、具体的な事情もなくごく(イ)バクゼンと「よろしくお願いします」というのは、もしも無理に「直訳」したら非常に奇妙に(ウ)ヒビくはずである。秘書にしても、もしも突然やってきた外国人に藪《やぶ》から棒にそんなことを言われたら、付き合ったこともない男からいきなり「私のことをよろしく好きになってください」と言われたような感覚を覚えるのではないだろうか。

7 このような意味で訳せない慣用句は、いくらでもある。しかし、日常言語で書かれた小説は、じつはそういった慣用句の塊のようなものだ。それを楽天的な翻訳家はどう処理するのか。戦略は大きく分けて、二つあると思う。一つは、律儀な学者的翻訳によくあるタイプで、一応「直訳」してから、注をつけるといったやり方。例えば、英語で“Good morning!”という表現が出てきたら、とりあえず「いい朝!」と訳してから、その後に(訳注　英語では朝の挨拶として「いい朝」という表現を用いる。もともとは「あなたにいい朝があることを願う」の意味)といった説明を加え、訳者に学のあるところを示すことになる。しかし、小説などにこの種の注が(エ)ヒンシュツするとどうも興ざめなもので、最近特にこういったやり方はさすがに日本でも評判が悪い(ちなみに、この種の注は、欧米では古典の学術的な翻訳は別として、現代小説ではまずお目にかからない)。

8 　では、どうするか。そこでもう一つの戦略になるわけだが、これは近似的な「言い換え」である。つまり、同じような状況のもとで、日本人ならどう言うのがいちばん自然か、考えるということだ。ここで肝心なのは「自然」ということである。翻訳といえども、日本語である以上は、日本語として自然なものでなければならない。いかにも翻訳調の「生硬」な日本語は、最近では評価されない。

むしろ、いかに「こなれた」訳文にするかが、翻訳家の腕の見せ所になる。というわけで、イギリス人が「よい朝」と言うところは、日本人なら当然「おはよう」となるし、恋する男が女に向かって熱烈に浴びせる「私はあなたを愛する」という言葉は、例えば、「あのう、花子さん、月がきれいですね」に化けたりする。

9 僕は最近の一〇代の男女の実際の言葉づかいをよく知らないのだが、英語のI love you. に直接対応するような表現は、日本語ではまだ定着していないのではないだろうか。そういうことは、あまりはっきりと言わないのがやはり日本語的なのであって、本当は言わないことをそれらしく言い換えなければならないのだから、翻訳家はつらい。ともかく、そのように言い換えが上手に行われている訳を世間は「こなれている」として高く評価するのだが、厳密に言ってこれは本当に翻訳なのだろうか。B翻訳というよりは、これはむしろ翻訳を回避する技術なのかも知れないのだが、まあ、あまり固いことは言わないでおこう。

10 あまり褒められたことではないのだが、ここで少し長い自己引用をさせていただく。

11 『屋根の上のバイリンガル』という奇妙なタイトルを冠した、僕の最初の本からだ。一九八八年に出て、あまり売れなかった本だから、知っている読者はほとんどいないだろう。

12 「……まだ物心つくかつかないかという頃読んだ外国文学の翻訳で、娘が父親に『私はあなたを愛しているわ』などと言う箇所があったことを、今でも鮮明に覚えている。子供心にも、ああガイジンというのはさすがに言うことが違うなあ、と妙な感心こそしたものの、決して下手くそな翻訳とは思わなかった。子供にしても純真過ぎたのだろうか、翻訳をするのは偉い先生に決まっているのだから、下手な翻訳、まして誤訳などするわけがない、と思い込んでいたのか。それとも、外国人が日本人でない以上、日本人とは違った風にしゃべるのも当然のこととして受け止めていたのか。今となっては、もう自分でも分からないことだし、まあ、そんな詮索はある意味ではどうでもいいのだが、それから二〇年後の自分が翻訳にたずさわり、そういった表現をいかに自然な日本語に変えるかで（自然というのがここでは虚構に過ぎないにしても）四苦八苦することになるだろうと聞かされたら、あの時の少年は一体どんなことを考えただろうか。自分の読んでいる翻訳書がいいものと悪いものに分かれるなどとは夢にも思わず、全てが不分明な薄明のような世界に浸りながら至福の読書体験を送ったかつての少年が後に専門として選んだのはたまたまロシア語とかポーランド語といった『特殊言語』(注5)であったため、当然、翻訳の秘密を手取り足取り教えてくれるようなアンチョコ(注6)に出会うこともなく、始めはまったく手探りで、それこそ『アイ・ラヴ・ユー』に相当するごく単純な表現が出て来るたびに、二時間も三時間も考え込むという日々が続いていたのだった……」

13

大学で現代ロシア文学を翻訳で読むというゼミをやっていたときのこと。ある日、一年生のまだ初々しい女子学生が寄ってきて、こう言った。「センセイ、この翻訳って、とってもこなれてますね。『ぼくはあの娘にぞっこんなんだ』だなんて。まるでロシア文学じゃないみたい」。それは確か、わが尊敬する先輩で、翻訳のうまいことで定評がある、浦雅春(注7)さんの訳だったと思う。そのときすぐにロシア語の原文を確認したわけではないので、単なる推量で言うのだが、それは人によっては「私は彼女を深く愛しているのである」などと四角四面に訳してもおかしくないような箇所だったのではないかと思う。

14 「ぼくはあの娘にぞっこんなんだ」と「私は彼女を深く愛しているのである」では、全然違う。話し言葉としてアッ(オ)トウ的に自然なのは前者であって（ただし「ぞっこん」などという言い方じたい、ちょっと古くさいが）、実際の会話で後者のような言い方をする人は日本人ではまずいないだろう。しかし、それでは後者が間違いかと言うと、もちろんそう決めつけるわけにもいかない。ある意味では後者のほうが原文の構造に忠実なだけに正しいとさえ言えるのかも知れないのだから。しかし、C正しいか、正しくないか、ということは、厳密に言えば、そもそも正確な翻訳とは何かという言語哲学の問題に行き着くのであり、普通の読者はもちろん言語哲学について考えるために、翻訳小説を読むわけではない。多少不正確であっても、自然であればその方がいい、というのが一般的な受け止め方ではないか。

15 確かに不自然な訳文は損をする。例えば英語の小説を日本語に訳す場合、原文に英語として非標準的な、要するに変な表現が出てくれば、当然、同じくらい変な日本語に訳すのが「正確」な翻訳だということになるだろう。しかし、最近の「こなれた訳」に慣れた読者はたいていの場合、その変な日本語を訳者のせいにするから、訳者としては——うまい訳者であればあるほど——自分の腕前を疑われたくないばかりに、変な原文をいい日本語に直してしまう傾向がある。

（沼野充義《ぬまのみつよし》「翻訳をめぐる七つの非実践的な断章」による）

（注）
1 フランソワ・ラブレー——フランスの作家（一四九四―一五五三頃）。
2 ジェイムズ・ジョイス——アイルランドの作家（一八八二―一九四一）。
3 渡辺一夫——フランス文学者（一九〇一―一九七五）。特にラブレーの研究や翻訳に業績がある。
4 青山南——翻訳家、アメリカ文学者、文芸評論家（一九四二―　）。
5 『特殊言語』——ここでは当時の日本でこれらの言語の学習者が英語などに比べて少なかったことを表現している。
6 アンチョコ——教科書などの要点が簡潔にまとめられた、手軽な学習参考書。
7 浦雅春——ロシア文学者（一九四八―　）。

問1　（省略）

問2　傍線部A「翻訳家とはみなその意味では楽天家なのだ」とあるが、どういうことか。その説明として最も適当なものを、次の①～⑤のうちから一つ選べ。解答番号は[6]。

① 難しい文学作品を数多く翻訳することによって、いつかは誰でも優れた翻訳家になれると信じているということ。

② どんな言葉で書かれた文学作品であっても、たいていのものはたやすく翻訳できると信じているということ。

③ どんなに翻訳が難しい文学作品でも、質を問わなければおおよそのところは翻訳できると信じているということ。

④ 言語や文化的背景がどれほど異なる文学作品でも、読者に何とか理解される翻訳が可能だと信じているということ。

⑤ 文学作品を原語で読んだとしても翻訳で読んだとしても、ほぼ同じ読書体験が可能だと信じているということ。

問3　傍線部B「翻訳というよりは、これはむしろ翻訳を回避する技術なのかも知れない」とあるが、筆者がそのように考える理由として最も適当なものを、次の①～⑤のうちから一つ選べ。解答番号は[7]。

① 慣用句のような翻訳しにくい表現に対しては、日本語のあいまいさを利用して意味をはっきり確定せずに訳すのが望ましい。だが、それでは原文の意味が伝わらないこともありえ、言葉の厳密な意味を伝達するという翻訳本来の役割から離れてしまうから。

② 慣用句のような翻訳しにくい表現でも、近似的に言い換えることによってこなれた翻訳が可能になる。だが、それは日本語としての自然さを重視するあまり、よりふさわしい訳文を探し求めることの困難に向き合わずに済ませることになるから。

③ 慣用句のような翻訳しにくい表現でも、直訳に注を付す方法や言い換えによって翻訳が可能になる。だが、それでは生硬な表現か近似的な言い方となって

しまうため、文化の違いにかかわらず忠実に原文を再現するという翻訳の理想から離れたものになるから。

④ 慣用句のような翻訳しにくい表現に対して、不自然な表現だとしてもそのまま直訳的に翻訳しておくことで、それが翻訳不可能であることを伝える効果を生む。だが、一方でそのやり方は日本語として自然な翻訳を追求する努力から逃げることになるから。

⑤ 慣用句のような翻訳しにくい表現でも、文学作品の名訳や先輩翻訳者の成功例などを参考にすることで、こなれた翻訳が可能になることもある。だが、それでは適切な言い換え表現を自ら探求するという翻訳家の責務をまぬがれることになるから。

問4 傍線部C「正しいか、正しくないか、ということは、厳密に言えば、そもそも正確な翻訳とは何かという言語哲学の問題に行き着く」とあるが、ここから翻訳についての筆者のどのような考え方がうかがえるか。その説明として最も適当なものを、次の①〜⑤のうちから一つ選べ。解答番号は[8]。

①　翻訳の正しさとは、原文の表現が他言語に置き換えられた時に、意味的にも構造的にも一対一で対応すべきという学問的な原則に関わるものである。そのため、このような翻訳家が理想とする厳密な翻訳と、一般の読者が理想とする自然な日本語らしい翻訳とは必然的に相反するものになるという考え方。

②　翻訳の正しさとは、原文の表現を他言語に置き換えるとはどういうことか、あるいはどうあるべきか、という原理的な問いに関わるものである。そのため、原文を自然な日本語に訳すべきか、原文の意味や構造に忠実に訳すべきかという翻訳家の向き合う問題は、容易に解決しがたいものになるという考え方。

③　翻訳の正しさとは、標準的な原文も非標準的な原文もいかに自然な日本語に見せることができるかという翻訳家の技術の問題に関わるものである。そのため、結果としてなされた翻訳が言語哲学的な定義に則して正確であるかそうでないかは、あまり本質的な問題ではないという考え方。

④　翻訳の正しさとは、結局は原文を近似的な言葉に置き換えることしかできないという翻訳の抱える限界に関わるものである。とはいえ、翻訳家は自然な日

本語に訳すことと原文の意味や構造を崩すことなく訳すことを両立させ、時代を超えて通用する表現を目指すべきであるという考え方。

⑤ 翻訳の正しさとは、原文の意味を自然な日本語で効率的に伝えることと、原文の構造に則して忠実に伝達することという二方向の目的に対する翻訳家の選択に関わるものである。とはいえ、正確であるとはどういうことかは学問的に定義して決定していくべきであるという考え方。

問5・問6 （省略）

さて、いかがでしょう。自分の文章がセンター試験に使われたと知った時、私は、「へえ、自分の文章でもこういうところに使われるんだ」と少々誇らしく思わなかったといったら嘘になりますが、それよりもむしろ、出題者の先生に感心しました。よくこんな文章を探し出してきた、しかも、少々型破りなところがあるものをあえて試験問題に使ったのは、国語問題の改善にとっていいことではないか、と思ったのです。

どこが「型破り」かというと、現代文の、小説ではなく、評論や論説の問題は、論理的にかちっと構成され、主張もはっきりしていて、文章も硬いものが多い。それに対して私の文章は、はっきり言って、ずっと軟らかく、かなりいい加減です。のっけから「僕は普段からあまり一貫した思想とか定見を持たない、いい加減な人間」なのだと宣言しているくらいですから。そして、「翻訳について考える場合にも、そのときの気分によって二つの対極的な考え方の間を揺れ動くことになる」と続きます。つまり最初から、「どんなものでも翻訳できる」と「どんなものも翻訳できない」という両極端を提示し、自分はそのどちらの立場とも言えず、揺れ動いていると言っているわけですから、これでは一つの明快な結論など出しようがありません。

しかし、ふざけているようですが、じつはこれこそ現在の翻訳論の核心とも言える点でもあります。世界的に注目され、日本語にも翻訳された影響力の大きなエミリー・アプターの『翻訳地帯——新しい比較文学』(Emily Apter, *The Translation Zone: A New Comparative Literature*, Princeton University Press, 2006. 邦訳は『翻訳地帯——新しい人文学の批評パラダイムにむけて』秋草俊一郎他訳、慶應義塾大学出版会、二〇一八年）を開くと、冒頭に「翻訳に関する二十の命題」が掲げられているのですが、その一番目は「何も翻訳できない」で、最後が「すべては翻訳できる」になっています。つまり、現代の翻訳研究の最先端は、まさに「翻訳可能性」と「翻訳不可能性」の間で揺れ動き、その間の領域を探索しているのです。

そもそもセンター試験の現代文に、翻訳を主題とした文章が選ばれたこと自体が、画期的ではないでしょうか？　翻訳は日本語と外国語の間の異言語間コミュニケーションのプロセスであり、文化交流の究極の形です。外国語によって日本語を相対化し、普段意識しなかった日本語の相貌を明らかにすることもできる。それは一つの正答を求める「英文和訳」問題ではなく、正答がないかもしれない言語と言語の間の溝のような領域に私たちをいざなうものです。

ところが一般的に翻訳というと、「どうしたら上手《うま》く訳せるか」「何が正しい翻訳で、何が誤訳なのか」といった議論に終始しがちですし、特に受験問題の英文和訳や和文英訳などの場合は、「正しいもの」がはっきりしていないと問題として成立しません。それに対して、私のエッセイはそもそも翻訳に正しいものなんてあるのだろうか、という立場から出発しているわけで、実際、私の文章では“I love you”のような単純な英文でもどう訳すべきかについては一つの正解があるわけではなく、様々な可能性があるという風に話が進みます。

そんな性格の文章について、どんな設問ができるでしょうか。大変いい問題ばかりで、問2から問4はいずれも翻訳に関する根本的な問題を扱っていて、出題者の方の見識と努力には本当に頭が下がりますが、その一方で、率直なところを言うと、これらの問題は著者の私にもそれほど易しい問題ではありませんでした。

ここでは、一番簡単そうな問2を見てみましょう。「翻訳家とはみなその意味では楽天家なのだ」とはどういうことか、その説明として最も適当なものを五つの選択肢から選べ、という問題です。それぞれの選択肢について、コメントをつけていきます。

① 難しい文学作品を数多く翻訳することによって、いつかは誰でも優れた翻訳家になれると信じているということ。――**こんなことはエッセイの中で言っていないので、×。ただし翻訳修業には確かにそういう側面もあり、主張としてはこれは間違っていないし、**

私自身他の場所ではこれに近いことを言ったことがある。

②　どんな言葉で書かれた文学作品であっても、たいていのものはたやすく翻訳できると信じているということ。――これは明らかにおかしいので、×。しかし、こういう意味の楽天的な翻訳家は存在する。

③　どんなに翻訳が難しい文学作品でも、質を問わなければおおよそのところは翻訳できると信じているということ。――確かにその種のことを私は少し前に言っている。「楽天家」には確かにそういう面があるので、この選択肢が間違いだとは言い切れない。ゆえに△。

④　言語や文化的背景がどれほど異なる文学作品でも、読者に何とか理解される翻訳が可能だと信じているということ。――おそらくこれが正解。同じ段落の直前でほぼ同じようなことを言っている。受験国語のテクニックでは、設問の直前に関連した表現を探すのが鉄則だという。その意味では文章全体の趣旨をきちんと理解しなくても、正解を見つけられるということになる恐れはある。

⑤　文学作品を原語で読んだとしても翻訳で読んだとしても、ほぼ同じ読書体験が可能だ

と信じているということ。――こんなことは言っていないので、×。しかし、**こう信じられることは素晴らしいので、こういう楽天主義的な立場があってもよい。**

　というわけで正解はどうも④ではないかと思うのですが（あとから調べたらやっぱりそうでした。よかった！）、ここで大事なのは「最も適当なもの」を選ぶというのが問題の指示であって、他のすべてが完全に間違っているわけではない、ということです。そういうことを考えるならば、正解の④に一〇〇点をつけるとしても、私の判断では、③八〇点、①三〇点、⑤二〇点、②一〇点くらいは差し上げたい感じがします。

　ちなみに、ある受験予備校のホームページを見ると、問3の正解は2、問4の正解も2とのこと。原著者として異存はありませんが、問3などは著者の私にもちょっと難しい。「筆者がそのように考える理由」と言われても、さて、私がこの文章を書いたときどうしてそのように考えたのかとなると、自分でもよく分からなくなってきます。

択一式か、記述式か？

さて、この実例に即して、このような択一式の問題について何が言えるでしょうか。確かに正解と思われるものは見つけられます。しかし、他のどれも全面的に間違っているわけではなく、それぞれ少しずつ正しいという側面も持っている。それを無視して、択一式の問題は正答を一つだけに絞ってしまうのだからよくない、と思う人もいるでしょう。しかし、それは違います。このようにいくつもそれぞれに正しい可能性を持った選択肢を比べながら、どれが「最も適当」か、判断するのは相当な思考能力が必要だからです。しかも書き手としての私の立場は最初に宣言してあるように、二つの極の間を揺れ動き、「絶対にこれだ」という正しさをむしろ避けるようにしています。このような「曖昧な」思考の動きこそ、口幅ったい言い方になるかもしれませんが、言語にそなわった思考機能を活かしたものであり、また文学的なものでもあります。

それでも思考力を試すためには、やはり記述式のほうがいいのではないか？　文科省はよい改革を進めようとしたのに、どうして多くの人たちが危惧の声をあげているのか？ そう疑問に思う方も多いと思います。一般論として、○×式やマークシート式に比べて記述問題が優れているのは言うまでもありません。しかし、それは優れた記述問題が出題され、その採点のために一定以上の資格と能力を持った採点者たちが時間をかけて厳正な採点をする体制が保証されている場合の話です。

改めて確認すれば、今提案されているような形での記述式導入に私が反対する理由は、技術的なものと、本質的なものと、両面にわたります。技術的には約五〇万人分もの解答を二週間程度で採点するという途方もない採点作業が必要になり、その作業に相応《ふさわ》しい採点者を確保して厳正で公平な採点を行うことが非常に難しいのです。

ただし、より本質的な問題は、導入が試みられている記述式問題が、国語を見る限り、自由で創造的な思考能力を育むどころか、その逆に、思考を一定の型にはめる危険があるということです。平成二九年五月に発表された記述式のモデル問題（巻末の資料①）を見ると、城見市の「街並み保存地区」をめぐる問題例1では、解答の際に、問1～問3は四〇字、三五字、二〇字といったじつに細かい字数制限を課しているうえ、問4に至っては、一文目には何を書け、二文目には何を書けといった四つもの条件をつけて一定の字数の範囲で「記述」をさせようという問題で、正直なところ、唖然《あぜん》としました。

言語というものは、有限な語彙と文法規則をつかって無限に多様な文を生み出すことができる奇跡的な創造力を持った道具であり、人間だけが駆使できるものです。しかも、先にも述べたように、言語は思考の道具でもあり、ものを考えるということは、与えられた情報を処理するだけでなく、「この情報はおかしいぞ」といった批判的な判断ができるということでもあります。ところが記述式問題の例を見ると、受験生は自由な創造力も、批判的な思考力も使うことなしに与えられた情報を処理し（そこで取り上げられている政策や契約にそもそもおかしなところがあるかもしれないという可能性は排除したうえで）、多くの条件に縛られ、思考の内容だけでなく正解に至る思考の筋道まで細かくコントロールされながら、文章をまるでパズルのように組み立てなければなりません。

採点の技術的な面を考えると、完全に自由な論述にしたら採点基準を統一的・客観的に決めることが著しく困難になるので、大量の答案を一定の基準に基づいて機械的に迅速に採点するためには、このように細かい条件をつけざるを得ないということは理解できます。

しかし、その結果、受験生は言葉の自由も批判的思考力も奪われ、自分がどんな答え方を求められているかについて、出題者の意向をひたすら忖度する卑屈な精神を身につける恐れがあります。そうなると受験勉強は、本当の国語力ではなく、正解を追い求めるテクニックを身につけるためのものになるでしょう。記述式といってもこのような問題であるならば、従来の択一式よりも優れているとは言えません。

最後に本章で申し上げたかったことをいま一度まとめてみると、人間の言葉による表現は、試験問題の求める単一の正答に還元できるような単純なものではなく、複雑で、豊かで、時に嘘をつくこともできるし、時に意図的に曖昧でもある。言葉のそのような性格を最大限活かして作られてきたのが文学のテクストです。そのように素晴らしい言葉という、人間が持つ最高の財産に私たちはきちんと向き合うべきでしょう。

第三章

ことばのあり方

——哲学からの考察

納富信留

哲学から考える問題の本質

今、私たちが直面している状況は、初等、中等教育と大学入試に関わる大掛かりな改革です。科目編成や学習指導要領が改訂され、それに応じて新しい教科書や授業計画が議論されています。中学校、高等学校の現場やそこで学ぶ生徒たちは、どちらに向かうかでまさに右に左に動くことになりますので、慎重に考えて正しい方向へと導いていくことは私たち全員の責務です。この問題を考える上で、私が専門とする哲学、とくに古代ギリシアの哲学から何が言えるのか、これからお話しいたします。

文学部に属する哲学という専門分野は、教員免許状の範囲では中学校の社会、高等学校の公民にあたり、特に倫理や今度新設される公共という科目に関わっています。大学入試では、哲学者が書いたさまざまな著作、論文やエッセーなどから、現代文や小論文の課題文がよく選ばれます。ですが、一般的に哲学は、今回のシンポジウムのテーマである国語やその入試とはやや距離があります。ここでは、同じ文学部、人文学の研究と教育に携わる仲間として、少し距離を置きながら一緒に考えたいと思います。「ことば」はもちろん哲学の問題ですので、それが中心テーマになります。

私自身は倫理の教科書に関係しており、他教科については正直あまり存じ上げませんでした。分野を越えるとたんに無知になるのは困ったことですが、この機会に、国語でさまざまな問題が起こっている、また、阿部さんがご専門とされる英語でも特に大学入試に関して大きな問題が発生していることを知りました。社会科でもいろいろと難しい問題がありますが、国語と英語が置かれている状況が一層深刻という印象を受けています。まずは現状を勉強させてもらい、何が起こっているのかを見守っています。

国語と英語に関わる教育制度の変更、その事情について私は詳しくありませんが、大学で教育にあたる中で、それに先立つ初等、中等教育の重要性と、そのあり方に対して大学入試制度が決定的に重要である点は自覚しています。現在の改革案のどこに本質的な問題があるのか、それが私の関心事です。

今、一気に表面化している問題は必ずしも個々別々に起こっていることではなく、多分連動した一続きのものであり、社会科やほかの科目にも共通しているようです。しかも、これはどうやら日本でだけ起こっているものでなく、他の国も似たような問題に直面しているようです。私が関わる西洋古典という分野では、かつてヨーロッパの高校、ドイツのギュムナジウムやイギリスのパブリック・スクールなどで教えられていたラテン語や古典ギリシア語が、いまでは授業科目から外れて、大きく衰退してしまっています。西洋文明の基礎となる教養が危機にさらされていると、海外の仲間たちは大いに危惧しています。

今、日本では教育に関心が集まっており、さまざまな議論が交わされています。ですが、目の前の雑多な動きや論争に巻き込まれていると、本質的な点を見失いがちです。実はそれほど重要ではない論点に気を取られて根本を見損なったり、批判している相手と同じ誤りに陥っていたりということに気づかずにいます。それに対して、哲学は状況から距離を取ることで、もっとも根本的な問題がどこにあるのかを見極めていきます。

ことばをツールとする態度

国語をめぐって起こっている問題の本質は、一体何でしょう。それは、「ことばをツールだと思っている」ところにあるのではないか、これが私の基本的な見方です。つまり、ことばの捉え方が根本的に間違っているのではないか、そう考えています。

きちんと説明する必要がありそうですね。ツールと聞いたら、ほとんどすべての人は、「みんな普通、そう思っているんじゃないの」と答えるだろうと思うからです。日本語、英語、私が研究で普段読んでいる古典ギリシア語など、言語はさまざまですが、基本的に、語学を学ぶのは何かに使うため、つまり言語はツールだと考えられています。日常のコミュニケーションも含めて、仕事に役立てるとか、海外で料理をオーダーするとか、そういった場面を念頭において、言語を学ぶからです。そのように、私たちは通常、ことばは一種のツールだと思っているはずです。

私も「ことばはツールではない」と全面否定するわけではありません。実際、海外旅行の際には即席で現地の日常会話を学んだりしますからね。ですが、ことばを単なるツールに過ぎないと思い込むことで、大きな間違いがいろいろな形で生じているのではないか、と考えています。この論点が、まず何よりも大切です。

どのような問題が生じるかというと、ツールだったら、どちらの方が良いか、といった議論になってしまいます。ツールとしてどちらを使うのが便利か、効率がよいか、という観点に縛られます。例えば、ものを切る時に、ナイフが良いのか、ハサミが良いのかという、そういう話になるのです。道具には用途があります。裁縫で糸を切るのにナイフは不向きですが、ケーキを切るにはハサミでは効率が悪過ぎます。ツールは、そのように用途におうじて良《よ》し悪《あ》しが判断されます。

私たちが話している日本語をツールと考えることで、国語科について提起されている、文学国語か論理国語か、といった訳の分からない選択が生まれてしまいます。つまり、ツールとしてどちらがより良いか、という選択の対象になってしまいます。何かのためのツールだったら、より有効な方が良い、より役に立つ方が良い、つまり、より効果的に使える方が良い、という発想になります。そこに落し穴があります。

ここで、あらかじめ私の見立てを述べておきます。目下の議論において、「論理国語よりも文学国語が大切だ」と主張しても、「両者の区別が不適切である」と言っても、もしツールという見方の上に立って発言するとしたら、有効な批判にはならない、いや、結局は相手と同じ土俵に立っていることになるのではないでしょうか。そのような議論なら不要ですし、かえって墓穴を掘ることになりかねません。それゆえに、問題を根本的に考え直す哲学からの反省が必要となります。

ツールであるということの含意を、もう少し掘り下げて考えてみましょう。ツールである以上は、何かの目的のために使うわけですから、当然効果をねらうことになります。その場合には、例えば、理解力とか、読解力も含めて、特定の目的のための手段として、効果が測定されます。

「何とか力《りょく》」という言葉を文科省は大好きなようですが、力というのは、この場合、その人が持っている本来の善さというよりは、何かをするための道具とみなされています。ギリシア哲学では本来の善さを「アレテー」と呼びます。この言葉は通常「徳」や「卓越性」と訳されますが、その人や物が持つ本来の力を発揮することを意味します。花が美しく咲くとか、鳥が空を自由に飛ぶとか、そういう例です。それに対して、道具とは、もともとは持っていないものを外から付け加える、そのような力です。

ツールとして役に立つことばは、持っていた方が良い、身につけるべきだという理屈になります。仕事に就いた時に読解力がなかったらそもそも契約書を読めないでしょう、といった発想です。そんな発想は、基本的にはツールとして、効率という観点だけでことばを取り扱っています。結局、そこで目指されているのは労働力なのです。経済界、産業界が大学で、あるいは高校で教育をしてくれと求めているのは、一番効率よく、仕事がたくさんできる人材を作ってほしいということに尽きます。つまり基本的に、ことばは道具扱いされている。それによって、私たち人間も道具扱いされています。

道具である以上、ツールである以上、簡単な方が都合が良いのは当然です。一番手間がかからず、一番多くの人が使える共通のツールを与える、それが社会的にはもっとも効率が良いわけですよね。効率という観点がここに入ってきます。紙を切るという目的は、大型ナイフを使ってもできないことはありませんが、ハサミでチョキチョキと切る方がずっと効率が良いですよね。そういった考え方です。

ツールであっても、いつも効率だけで話が進むわけではありません。例えば、おもしろい道具を、複雑だけど使いたいといった、そういう趣味の人もいるかもしれません。昔の人が使った乗り物を復元して冒険する、といった場合です。しかし、通常ツールというものは、何かの目的との費用対効果で価値がはかられますので、できるだけ簡単なものが選ばれます。

ことばがコミュニケーションのツールだと見なされると、できるだけ手間をかけずに、正確に目的を達成できれば、それだけ望ましいことになります。費用対効果としては、学習に費やされる時間や労力と、それがもたらす仕事の量や質との関係が問われるのです。見慣れない文字や複雑な文法など新たに学ばなくても、小学校から学んできたアルファベットと英語だけ使えれば、世界中で通用すると思われてしまいます。わざわざ難しい言語にチャレンジする必要はない、ということです。英語の教育で「実用的」であることばかりが求められていますが、その背景にはこのような誤解があると、私は考えています。

こういった発想は、人文学にとっては危機となります。ことばをツールとして扱うと、沼野先生がご専門とされるロシア語とか、大西先生がご専門とされる中国語とかは、使い勝手が悪い、と言うと失礼ですけども、使っている人が限定されるので学ばなくてもよいという話になっていきます。英語だけ学べば十分だとする、すでに蔓延《まんえん》した考えもこうして生まれてきているようです。

これに関しては、一つ大きな誤解があります。現在でも世界には英語が通じない地域、他の言語が共通語として重視される地域がたくさんあるからです。英語だけできれば世界中でコミュニケーションがとれるというのは、単なる幻想です。ですが、世界の事情を知らない日本の行政では、英語はグローバルに通用するのだからそれだけ習得すれば十分だと思われているようです。

大学生の皆さんも、フランス語やドイツ語が不人気だからといって、英語の先生になれば安泰だと思ったら大間違いです。これから自動翻訳機が格段に進歩することを想像してください。自動翻訳機が普及したら、ツールとしての英語は機械に任せればよいので、英語の先生はゼロでもよくなります。つまり、語学の勉強自体が必要なくなってしまうのです。ですが、その場合には、英語を介さなくても各言語間でコミュニケーションがとれるようになるという利点もあります。タガログ語とルーマニア語とか、スワヒリ語と日本語とか、あらゆる言語の間で機械が直接に翻訳作業を行って、私たちの代わりに話してくれるでしょう。

実用的な英語を教えるとか、英語をとにかくしゃべれるようにするとかいう目標は、それだけが自己目的となって、何を語るのかという内容を考えないとしたら、かえって英語教育の自滅を意味します。少し厳しい言い方ですが、実用性重視という根本的な誤りは、文科省や産業界だけの責任ではなく、私たちことばに関わる教育関係者の問題だと感じています。

この発想を突き詰めていくと、その果ては、情報だけが欲しい、つまり、ことばという面倒なツールを使わなくても成果だけ確保すれば良いということになりませんか。英語ですら必要がなくなり、情報ツールだけが使えれば良いという話になるのです。さらには、日本語だって必要なくなるかもしれません。単語だけ入れれば、検索ソフトが必要な情報を与えてくれるようになる可能性もあるのですから。その場合でも、日本語の単語くらいは必要かもしれませんが、ことばは単語や情報だけでは成立しません。

こういった事態は、どこか本末転倒ではないでしょうか。つまり、ことばがツールだとしたら、今言ったように、基本的には一番単純で効率的なものが良いので、機械が自動的に目的を果たしてくれればそれでよくなる、つまり、ことばそのものが必要なくなってしまうからです。

ここで生じる最大の問題は、ことばを大切にしないことで、おそらく、人権や民主主義や自由といった、私たち人間が長い間ことばを通じて培ってきた価値について、非常に大切な部分が決定的に損なわれる危険があることです。私は、ことばの危機がもたらすのは人文学や人間にとっての危機ではないかと考えています。

さらに言うと、人間が人間でなくなってしまいます。つまり、私たちは、何か大きなマシーンの一部になってしまうのです。昔から使われる比喩ですが、チャップリンの映画『モダン・タイムス』のように、機械の歯車の一部となって、私たちもツール化されてしまいます。

このように、どのツールを使えば効率が良いか、ツールをどう教えれば実用的かという発想で教育を進めると、自分自身がどんどんツールになってしまいます。ここに、ことばをめぐる問題の本質があると考えています。

ことばは私自身である

では、本来ことばをどのように捉えるべきかと言うと、皆さんは驚かれるかもしれませんが、「ことばは私自身の存在だ」というのが私の、哲学の立場からの主張です。主張というか、一種の問題提起です。

ことばが私自身だというのはいかにも奇妙だ、そう思われるかもしれません。しかし、私が専門としている古代哲学、プラトンに、すでにそういう考え方があります。ことばとは、それを使って何かをするための道具ではなく、むしろ私というあり方であり、世界を成立させているのはことばなのだ、という考えです。

一言で言うと、私たちは、ことばとして生きています。例えば、「立派な人間になる」とか「正しい人間、優しい人になる」とか言う場合、この「立派」や「正しい」や「優しい」ということばを通じて私たちは自己形成しているわけです。ことばを離れて、優しいということの実体がどこかにあるのではありません。むしろ、優しさや人のことを思うこと、さらにはそもそも「人」や「思う」ということそれ自体が、すべてことばで成り立っています。さらに、「私」というものがそれらのことばと切り離されて、裸で独立に存在しているわけでもありません。私たちはことばで行動して、自身のあり方を作っているのです。つまり、私たち一人一人が「ある」ということそのものが、ことばぬきには成立しないことが分かります。

これは決して、先ほど言ったようなツール、つまり、代替可能な道具としてことばを使っているという意味ではありません。それを使って何か別の目的を果たすという意味での「道具」ではなく、むしろ、ことばが私自身のあり方の一部をなす、いやそれ自体で「よく生きる」というあり方を実現するというのが、私の哲学的理解です。

さらに言えば、私たちが生きるこの世界も、ことばで成立しています。私たちが生きることとこの世界そのものの存立が、ことばという根源的な基盤において不可分な仕方で成り立っているのです。哲学では「世界」という表現で、地球上の全地域という地理的な意味ではなく、私たちが生きている全地平を意味します。私たちが生きていく営みとは、世界をことばで捉え、そのあり方をことばで作り上げていくことです。学校や大学という場についても、研究も人を育てることも、そういったすべてがことばによって成り立っています。この場面から、もう一度考えなければなりません。

当然ですが、社会、つまり、人と人との間はことばで成り立っています。もちろん身振りもあれば、ボディ・コンタクトもありますが、基本的にことばとことばが交わされる場で私たちは一緒に生きています。

文化のあり方も、ほとんどことばそのものです。特に歴史、つまり、長い時間を超えて何かを受け継ぐのはことばを通じた営みであり、私たちが大学で読んでいるような古い文献資料はことばで残されています。一言でいうと、文化や伝統は書き継がれてきたことばです。それを、時間を超えて読み解いていくことで、現代を超える視野が手に入ると信じています。教育とは、そのようにことばで伝承されてきた文化や伝統を、私たち自身の血肉にしていく営みです。先ほど言ったように、人のあり方そのものがことばなのですから、ことばが人を作ることになるわけです。ことばの教育は、人間の教育そのものです。

美というのも、実はことばでできています。美がそのままある、ことばを離れて美という存在があるのではなくて、これを「美しい」とか、「きれいだ」とか、さまざまなニュアンスに満ちたことばで表現することによって、私たちは美という存在に出会っているのです。つまり、美を創造しているのはことばです。美しいとは、けっして、多くの人が思っているように心の中にある主観的な感情に尽きるものではなく、この世界のあり方、その根源がことばという形において表出したものだからです。

ことばにはもう一つ重要な面があります。現代ではあまり強調されませんが、ことばとは、何よりも「超越」という哲学の契機です。つまり、私たちが生きているこの場を超えるのは、ことばなのです。例えば、きょうのお昼何を食べたとか、今月の給料はいくらかといったような日常の次元ではなくて、何百年後、何万年後、あるいは時間そのものを超えるような、そんなあり方に思いを馳せるのがことばです。私がもう死んでいるような世界、あるいは私たちが生まれる以前、さらにビッグバン以前の世界を私たちは考えたり、思い描いたりすることができます。それを可能にしてくれるのが、ことばというものです。

これを哲学は「超越」ということばで論じます。何か私たちを超えたものと関わる次元、そこへと開かれること、これは一種の通路のような感じですね、私たちを超えさせるものがことばです。文学で言えば、それは詩です。詩の韻律というものは、神のことばを伝えるものだと古代人は信じていました。神からのことばに対して、人間からさし向けることばが、祈りです。祈りのことば、そして呼びかけです。西洋でもそうですが、東洋でも、それぞれの文化において、そういう原初のことばが文学の形態になってきたのです。

以上、私たちがことばに対して、単なるツールだとする見方から脱却して、どのようなものとして関わるべきかをお話ししました。

論理とは何か

以上のような見方を基本にして、国語という教科をめぐる制度改革の中で気になっている論点について、あと二点ほど考察したいと思います。

一つは、論理という主題についてです。これから高等学校の国語で下位区分が変わり、選択と必修の割合が動くようですが、その中で「論理国語」と「文学国語」という名称で、選択必修の科目ができると聞いています。ですが、それは非常におかしな呼び名ではないかと思っています。

論理国語という名称に違和感を覚える理由ですが、そもそも何をもって「論理」と言っているのかが分かりません。仄聞《そくぶん》した限りでは、あまりきちんと定義されていないようです。論理と聞くと、何か役に立ちそうだとか、論理的でないよりは論理的な方が良いと思いがちですが、もう少し基本的なところから押さえていきましょう。そもそも「論理」と訳される「ロジック（logic）」という言葉は、ギリシア語の「ロギケー」を語源としています。これは元来「ロゴスのテクネー」、つまり、ことばの技術を意味します。ですから、ある意味では、ことばに関わる以上はすべて論理だということになります。

論理にはいろいろな種類がありますが、それらをきちんと身につけるというのは、すべての基本です。別に論理という言い方をしなくても、小説であろうが詩であろうが、広い意味では、ことばをきちんと理解して使っていくことはすべて論理です。他の先生方の議論でも言及されていたニュアンスだとか、コミュニケーションだとか、そういうものも全部、広い意味での論理に含まれます。

では、狭い意味での論理とは何かというと、これが哲学の扱う論理学になります。大学で論理学という授業を取ると、数式がたくさん出てくることに驚くはずです。形式論理学と呼ばれる分野ですが、実際には数学に近いものです。形式論理は、例えば、命題と呼ばれる文を形式に従って整理して、真か偽かの判断を検討していきます。命題をＰやＱといった記号で表し、演算の規則にしたがって機械的に計算していきますので、数学とは親戚関係にあります。

形式論理を使うと、人間の頭の中ではきちんと考えきれないこと、混乱して明瞭になっていない事柄が、非常に高度な形で証明できるのです。ゲーデルという哲学者が行った「不完全性定理」の証明など、途轍《とてつ》もない思考も可能になります。

ですが、そのような論理学は私たちの日常言語からかけ離れているという認識が、まずは必要です。つまり、論理学はとても大事なものですが、どちらかというと数学やコンピュータ・プログラミングとの関係で教えられるべきもので、私たちが日常で話したり考えたりすることばと、それほど直接には関わらないものです。具体的な例を三つほど挙げてみましょう。

最初の例は、「P∨Q」（PまたはQ）です。論理学の記号でVのような記号で表される、論理和と呼ばれる例です。論理和で「大西研究科長は、立派だ、または、学識深い」と聞くと、皆さんどう理解しますか。普通「または」と言うと、どちらか片方だけが成り立つ、という意味にとるのではないでしょうか。ですが、論理学の「または」は、PかQかの片方、もしくはPとQの両方という範囲を含むものなので、日本語の「または」とは意味が違います。

次に、「P→Q」（PならばQ）を用いた例を二つ見てみましょう。まずは、「1足す3イコール4ならば、日本の首都は東京である」という例はどうでしょう。この文章を聞くと、私たちは普通「ならば」と付いているので、「1足す3イコール4」と「日本の首都は東京である」との間に何かの因果的な関係があると考えがちです。日常言語の感覚では、両者の間は内容的に関係がなくてはおかしいのですが、ここでは無関係で構いません。論理学は形式的なものなので、形式だけ合っていれば、中身、つまりPとQに入る内容や、相互の意味のつながりを考える必要はありません。形式的な処理によって機械的に真と偽は決まるというのが、形式論理の基本だからです。逆に言えば、形式上で間違っていない限り、どんなに不自然で荒唐無稽な内容でも、あるいは内容空疎な文章でも、論理学上は正しいことになり、排除はできないのです。

第三の例はさらに極端です。「丸い三角形が存在するならば、狐《きつね》は化ける」という命題を考えてみましょう。一見するとまるで荒唐無稽な主張に見えますが、今述べましたように、二つの部分の内容的な意味のつながりを考慮する必要はありません。驚くのはその後です。「丸い三角形が存在するならば」という条件のもとでは、「狐は化ける」という帰結でも、「狐は化けない」という帰結とまったく同じで、真になってしまうのです。それは、「ならば」でつながれた条件文の前の部分（前件）が偽であれば、帰結にあたる後の部分（後件）が何を言っても全体は真になるという論理規則があるからです。形式論理学は基本的に、真と偽を取り扱うもので、その二分法を体系的に使うことで途方もなく複雑な計算を進められるのですが、それゆえ、私たちの日常の議論とは異なった考え方がたくさん出てきてしまうのです。

これらの例を見ると分かりますが、論理学は、別に何かの実用のために存在していて、それを学べば日常生活が豊かになるとか、得をするといったものではありません。論理学を学ぶと、時に思考の混乱が避けられることもあるかもしれない、というぐらいのことです。もちろん、役に立つ場面がないとは言いません。コンピュータのプログラミング言語には論理学の知識が必要だとか、討論の場面で論理的な誤謬《ごびゅう》を指摘するなど、確かに混乱した議論を整理するのに役に立つこともありますが、正直に言えば、そういう例は私たちが期待するほど多くはありません。つまり、論理学で厳密に解決できる部分もあるけれども、日常言語の世界は論理学では解決できない部分の方がはるかに大きい、そのように言えば正確でしょう。

ちまたでは「論理」という名のついた本が結構売れているようで、その中には哲学者が書いている本もたくさんあります。それ自体は好ましいことで、より広い人々に大いに関心を持ってもらいたいところですが、期待の仕方を誤るとかえって逆効果になりかねない点には注意が必要です。つまり、論理は非常に役に立つもので、それを身につければ万能だ、といった誤解が広まるのは、かえって危ういことではないかと思うのです。私が危惧するのは、有用だという触れ込みで学んだのにそれほど使えないと分かったら、かえって嫌悪や反発を招くのではないかという点です。今後、高等学校で論理国語を苦労して勉強したが、結局社会ではまったく実用性がなかったという事態になると、国語自体が不要だと思われて廃止されてしまう、そんな悪夢も想像されます。

ところが、既に先生方からお話がありましたが、私たちが日常生活で使っている生きたことばは、規則できれいに縛られるような部分で尽くされることはありません。曖昧さ、ニュアンス、綾《あや》といったものに満ち満ちているのがことばです。実は、そういったファジーな部分を扱う論理学の部門もあり、「インフォーマル・ロジック」、つまり、非形式論理と呼ばれています。近年流行しているクリティカル・シンキング、批判的思考という教育分野の基礎にあたる学問です。法科大学院やビジネス・スクールで教えられることが多く、形式論理よりは実用性が高いのですが、国語という科目の範囲で教えることができるか、教えるべきものか、考えるべき問題は山積みです。

論理国語という新科目について反省すると、ここで論理学とどう折り合いをつけていくのかという肝心な問題を考えないまま、「論理的な思考を勉強するために、論理的な日本語を読めば論理的になる」などと、内実のない言葉遊びのようなことを言っても、ほとんど意味がない、それこそ非論理的なことではないかと思います。論理学の立場から言ってそのように思います。

論理学が実用的ではないとして、では、何のためにそれを学ぶのかと言うと、一言で言って、知性を涵養《かんよう》するためです。私たち人間は理性的な生き物であり、知性活動こそ人間の「アレテー」、つまり、本来の善さです。それゆえ、私たちは知性能力を培わなければなりません。先ほど批判したツールという捉え方とは正反対で、それ自体が人間性を実現させる、そのために論理学は必要なのです。

これは数学でも同様です。なぜ小学校、中学校、高等学校で算数や数学を学ばされるか、考えたことがありますか。計算するだけなら、電卓やコンピュータを使えば済むわけですよね。なぜ三角関数など複雑な理論を学ばなければならないかというと、それらを通じて人間としての知性能力を訓練し、知性的なあり方を実現する、そういった「人間になる」ための訓練をする教科が、数学なのです。論理学も基本的に同じです。論理を学べば会社で立派に仕事ができるとか、社会できちんと議論ができるといったことはないと思います。

少し格好よく言うと、数学や論理とは、むしろ美的な感覚を養うための訓練です。人間が超越的なあり方を実現すること、そういった哲学の一環が数学や論理学の勉強なのです。一言でいうと、論理は万能薬ではありません。その性格をきちんと理解して教育の場に持ちこまないと、かえって論理的、知性的という人間の基本のあり方を損ないかねません。哲学の立場から、私はそう考えています。

対話とは何か

最後にもう一点、文科省のさまざまな改革で私が気になっているのは、「対話力」という言葉が最近やたらともてはやされ、さまざまな場面で使われていることです。キャッチーな言葉を作って流通させるのは見かけの改革の常ですが、これはほとんど意味不明なことばなので、何とかしてほしいと思っています。と言いますのは、私の研究しているプラトン哲学は「ディアロゴス」、つまり、対話を基本とするからです。プラトンの著作はすべて対話形式で書かれていますが、そこには、哲学は対話でこそ遂行されるものだという基本理念があり、哲学はまさに対話だと考えられていました。

では、対話とは何かと聞かれたら、これは哲学の大問題になってしまうので、このことばはそんなに簡単には使えないというのが、私の立場です。文科省が推進しようとしているアクティブ・ラーニングとは「主体的・対話的で深い学び」と説明されているようですが、ここでの「深い」とはどのような意味なのか、さっぱり分かりません。「対話」という言葉に安易に寄りかからずに、そもそも対話とは何か、対話は一体どのようにすれば成立するのかを、真剣に考えた上でものを言ってほしいです。子供たちの教育のためにも、責任のある言葉遣いをしてほしいです。

私は、もちろん対話を否定しているわけではありません。対話が途方もなく大切だと思うからこそ、対話とは本当は何なのかをきちんと考えなければならないと言っているのです。その一方で、先ほど沼野さんがおっしゃったように、今の日本では基本的には対話を拒絶するような場面が多いわけですよね。論理という単語と同様に、対話ということばについても、過剰で誤った期待を安易に押し付けても何の結果も得られません。その意味で、「対話力」などと言って誇大に打ち出している現状に、大きな危惧を抱いています。

それでは、安易な態度に断固反対しつつ、対話をきちんと行っていくには、それをどのようなものとして捉えたら良いのでしょうか。私自身は、哲学においてこのような課題を立てています。

そのためには、「対話」ということばそのものから、もう少しきちんと考えるべきでしょう。ことばを大切にし、そこでじっくり考えるのが哲学の態度だからです。「対話」ということばは、用例は古くからありますが、江戸時代に中国の白話文学の影響で一般に使われ始めたと言われており、明治期に「ダイアローグ（dialogue）」という西洋語の訳語となりました。すでに長い間使われてきたこの日本語を、改めてじっくり分析してみましょう。ことばは単なる記号ではなく、その意味を実現する存在だからです。一つ一つのことばを大切にしなければ、何も始まりません。

では、対話の「対」という字に焦点を当ててましょう。例えば「対決」という熟語がありますね。通常、「両者が、面と向かい合ってことの決着をつけること」などと説明されます。対決というとちょっと怖いと感じるかもしれませんが、人と人とが一緒に議論をするということは、ある意味ではぶつかり合いです。その事態を恐れていては対話はできません。最初から人とぶつかる気がなかったら、一緒にコミュニケーションはできないということです。「対話」ということばにも、明らかにそのような含意が込められています。

また、「対等」という熟語もあります。「相対する双方の間に優劣・高下などの差のないこと」などと説明されます。ここでは「等しい」という漢字がついていますが、これも大変興味深いところです。二人の人がしゃべる場合に、一方が全部を語って、片方は聞くだけだったら、対話にならないですよね。「対」という文字には「同等のもの同士が向かい合う」という意味が含まれるからです。当たり前と思うかもしれませんが、もう少し実質を吟味してみましょう。

文科省のアクティブ・ラーニングの説明では、学校で教師と生徒が対話するといったことも想定されているようですが、そもそものことばの使い方がおかしいのではないかと思ってしまいます。もちろん教師も小学生の言うことを聞くべきだと思いますが、いや、本当にそういう気があるのなら結構ですけれど、相手のことばを対等に聞く気がないのに、もし形式的に対話っぽいやりとりを強制するのだとしたら、それは子供たちにことばに対する嫌悪と絶望しかもたらしません。さらに言えば、小学生や中学生が、先生の言おうとしていることを忖度して、それを答えて対話のふりをするという、そういう狡賢《ずるがしこ》い術《すべ》を身につけるということにつながりかねません。つまり、本来の意味での対話とは正反対のことが起こってしまうのではないかと、危惧しています。対話が対等という関係を前提としている点、つまり、双方が本音を語る自由を持つという条件を、真剣に受け止めて理解しなければなりません。

引き続き「対」という漢字がついたことばを並べてみます。次に、「対応」という熟語を見ましょう。対応とは、人がお互いに応じ合うという、好ましい含意があります。その点で言えば、聞く、聞かれるという相互の関係をきちんと成り立たせるところが、対話における「対」の基本にあるはずです。

さらに、「対面」という熟語にも注目しておきましょう。ここにはもう一つ重要な論点があります。対面とは、顔と顔が向き合った時に成立する、という意味がある点です。もちろん、いつも面と向かった状況でなくても、例えば電話のように、離れたところでも別の仕方で対話することはあり得るでしょう。ですが、人と人との対話は、やはり基本的に、顔と顔、目と目が向き合って行われるものです。

そう考えると、最近いろいろな通信ツールが普及して、むしろ人と人とが向き合わない傾向にあることが気になります。喫茶店で隣に座っていても、お互いに携帯やスマートフォンに文字を打ち込んで会話しているといったことがしばしばあるようですが、私自身はそのようなチャットは対話とはまったく異質だと思っています。対話以前の問題として、ことばというものがどう成り立つのかということに、根本的な反省が必要ではないでしょうか。

顔と顔を見合わせることと並んで、声を出すこと、声を聞くことが、ことばのやりとりの原初場面です。対話とはことばを交わすことであり、ことばは魂と魂の間で交わされるものだ、とプラトンは考えています。私たちは喉という身体の特定の部位で音声を作って、物理的に音波を発していると思われるかもしれませんが、それがことばではありません。私という魂が、これを聞いていらっしゃる皆さんの魂に直接投げかけ、それを受け取ってもらっているのが、ことばというものです。これを抜きにして、音声、つまり、空気振動の波長を耳という器官で受信していることだけを取り出しても、ことばにはなりません。ことばを交わすとは、そういう肉体や物体の問題ではなく、魂の間のやりとりなのです。

私とあなたの魂がすでにそこに存在していて、キャッチボールのようにことばを交換するのではありません。むしろ、ことばを語り、それを聞くという場で、私とあなたが出会い、二人がそれぞれ別の存在として成立しているのです。ことばの根源に祈りという要素があるのも、そのためでしょう。私たちは祈りという言葉を発することで、私がここにいるということを訴え、聞かれることで存在を認めてもらうからです。

そうだとすると、ことばは私自身、そしてあなた自身が存在するというまさにそのことを成り立たせている、その成立の場を開いていることになります。言葉を交わすことによって、私とあなたの魂がここにあるからです。私たち人間は一人では生きられませんから、私も、皆さんも、一緒にことばを発し、対話することにおいて共に生きていく、その場を開くということが、ことばの本質ではないかと考えています。

このように哲学において根本まで突き詰めて考えていくと、国語教育という当初のテーマにまでなかなか戻れないのですが（笑）。ただ、一番根本的な問題は、最初に指摘させていただいたように、こういうことばのあり方の基本を忘れてしまったところで、どんな文章を教材にすべきかとか、論理と文学のどちらが大切かなどをあれこれ議論しても、結局同じ土俵の上で踊っているだけで、人文学の本当の良さを発揮できないのではないかということです。これが、私の一応の結論です。

最後に、哲学という私の専門について、それが初等、中等教育でどのような役割を果たすのか、一言触れさせてください。論理国語に関連してすでに述べましたが、哲学という学問は直接何かの目的のために役に立つ、実用的なものではありません。そんな目先の思惑をはるかに超えた営みなのです。哲学は私たちがこの世界で人間として存在する根拠に関わり、その基礎には、ことばを語って共に生きていく人間のあり方があります。

哲学という教科を高等学校に導入しようとか、すでに存在する倫理という教科を必修化しようといった希望を抱いている専門家も、私の仲間にはたくさんいます。実は私も、日本学術会議から二〇一五年五月に提言「未来を見すえた高校公民科倫理教育の創生―〈考える「倫理」〉の実現に向けて―」を出した哲学・倫理・宗教教育分科会の一員でした。ですが、私は必ずしもそういった具体的な形でなくとも、あらゆる科目、あらゆる教育を通じて哲学がしっかりと培われていくこと、つまり、教育の現場で哲学が基盤となることを望んでいます。具体的には、国語、英語、数学、社会、理科といったそれぞれの分野を通じて、哲学の精神、考え方をしっかりと学ぶことが目指されるべきです。哲学はすべてに関わる知的営みであり、すべての人間が学ぶべきものだからです。その意味で、中学校と高等学校という場で、独立科目ではなくとも、哲学が果たすべき役割は大きいはずです。この点を強調していくことが、私たち人間の将来に対してもとりわけ重要であり、私もそのために、大学という場から微力ながら努力と発言を続けていきたいと思っております。

第四章

古代の言葉に向き合うこと
――プレテストの漢文を題材に

大西克也

はじめに

東京大学文学部では、毎年一〇月に開催される全学のホームカミングデイにおいて、広報委員会委員長が中心となってシンポジウムの企画を立てるのが恒例になっています。二〇一九年度の企画は、「ことばの危機―入試改革・教育政策を問う―」でした。六月頃、広報委員長の安藤宏先生から最初に相談を受けた時、最も印象に残ったのはキャッチフレーズとして示された「戦う文学部」という異例の強い言葉でした。共通テストにおける英語民間試験導入や、国語の記述問題採用の一連の混乱の背後には、言葉をコミュニケーションや情報操作の道具としてしか捉えられない貧しい言語観の蔓延があります。このままでは人間の文化を支える根幹としての「読解」という概念が崩れてしまうのではないか、そのような安藤さんの強烈な危機感が今回の企画につながったと理解しています。

私は武闘派ではありませんし、社会に向けて発信することにも、どちらかというと消極的な方です。ブログもツイッターもやりません。入試改革や教育行政を取り上げた今回のテーマに関心はありましたが、自分の意見を表明するために特に勉強してきたわけではありません。しかし参加することになっている以上、問題と一度きちんと向き合う必要がある、そう思って安藤さんから紹介されたものを手始めにいくつか読み始め、共通テストのプレテストや、新学習指導要領等、文科省側の資料などにも目を通しました。

以下に記すのはその過程で私が抱いた疑問点です。教育の現場には賛否両論があり、その背後には恐らく個々の教員が接する生徒たちの多様な状況があることでしょう。ただしここでは、そのような個別の意見の是非を取り上げるつもりはありません。言葉には様々な側面があり、それぞれが人間の営為や文化の本質と分かちがたく結び付いています。これから述べることは、あくまでも古代の言葉と向き合うことを職業としてきた者の一つの問題意識としてお読みいただければ幸いです。

古代の言葉を読み解くこと

私は古代中国語の文法や戦国秦漢時代（前五世紀～後三世紀）の出土文献の研究者です。

本書の執筆者五人の中で、唯一国語の漢文に深いかかわりを持っている人間です。ホームカミングデイの企画「ことばの危機―入試改革・教育政策を問う―」では、そのような立場から、新テストの方向性を示すものとして平成二九年に公開された試行調査（プレテスト）の漢文の問題を俎上《そじょう》に載せました。

文法と言うと古典嫌いや漢文嫌いを助長するような否定的な捉え方をされることもあるのですが、文法は本来古典の読みを深め、豊かにするものです。私が専門としている古代中国語の文法、漢文の文法は、驚きと発見に満ち溢れているエキサイティングな分野です。ここでは古代中国の文章、漢文を通じてこの問題を考えてみようと思います。

少し前置きが長くなりますが、まず、私にとって古代の文章を読むこと、言葉を理解することとはどのようなことか、ということから述べていきたいと思います。

私が考える古代の文献を読む営みとは、書き手が何を見て何を考え、テキストの一つ一つの文字を、なぜそう記したのかを検証するプロセスです。テキストはそれが書かれた社会、文化、時代、地域など、極めて多様なテキスト外の情報を背景に生み出されます。それらは当時の作者と読者との間に共有されていた当たり前の了解事項であり、それ故すべてがテキストに十分に書き込まれるわけではありません。しかし私が研究対象としている二〇〇〇年以上前の古代中国の文献は、そのような情報からほとんど切り離されて私たちの前にポツンと孤立して存在しているのです。それに対して私たちは様々な手段を駆使して、文献が生み出された時代の文化や社会の様相を可能な限り突き止め、テキストをその中に還元して作者が伝えようとした意味を再構成していくのです。これは、テキストが身に纏《まと》っていた空気を総体的に復元する作業であるとも言えるでしょう。

このような作業を通じて見えてくるのは、時空を異にして存在する文化の継続と断絶、人間の個別性と普遍性です。人と文化の両面性をバランスよく適切に捉えることなくして、古代のテキストの読解は成立しないのです。このような「読む」という営為の鍵として、私は言葉そのものの研究——特に文法の研究を中心に据えてきました。次に具体例を一つだけ紹介したいと思います。

ポライトネスと「忖度」——漢文の表現から

私たちは会話をする時、絶えず相手が話題に対してどのような知識や感情を持っているかを推し量りながら表現を探したり変えたりしています。固有名詞を例に説明してみましょう。たとえば今回のシンポジウムの司会者を務められた安藤先生が、昨夜テレビに出演してとても面白いことを言っていたとしましょう。それを私がパネリストの阿部公彦先生に伝えたくて、「昨日安藤さんがテレビでこんなことを言っていましたよ」と話しかけても、全く不自然ではありません。ところが同じ言葉を初対面の人にいきなり投げかけたら、相手はきょとんとしてしまうでしょう。「安藤さんって誰ですか？」と、不審に思われるかもしれません。

固有名詞をいきなり使って自然な会話が成立するのは、話し手と聞き手の間に対象に対する知識が共有されていることが前提になります。私も阿部さんも安藤さんも文学部の同僚ですから、この点は全く問題になりません。しかしそうではない相手に対しては言語上の配慮が必要です。たとえば「昨日のテレビで東大の国文学研究室の安藤先生という人が、こんなことを言っていましたよ」と言えば、相手もすんなりと話題に入っていけます。「東大の国文学研究室の」という修飾語は相手が必ずしも知っているとは限らない背景を提供しています。

さらに重要なのが「～という人」という表現です。これは安藤さんを誰もが知っている人としてではなく、相手が初めて耳にする人として会話の場に導入する表現です。「～という人」には固有名詞から個別性を奪い取って「名札化」し、「安藤さん」という名札をぶら下げたとある一人の人（新情報）として会話の場に導入する働きがあります。

同様のことは実は漢文にもあります。『論語』の一例を紹介しましょう。当時の魯《ろ》の君主からあなたの弟子の中で誰が学問好きですかと尋ねられた孔子は次のように答えます。「顔回ナル者有リテ学ヲ好ム」（有顔回者好学）。日本語に訳すと「顔回という人がおりまして、学問を好んでおりました」となることから分かる通り、まさに「安藤さんという人」と同じ効果を持つ表現です。漢文では「顔回」の後についている「者」という語が固有名詞を「名札化」する働きを担います。授業ならなぜ「者」にそのような働きがあるのかを説明するところですが、煩雑になるのでそれは省きます。

大事なのは、なぜ孔子が弟子の顔回に「者」を付けたのかということです。孔子にとって顔回は身近な人ですが、魯の君主が知っているとは限りません。そこで「者」を付け、「あなたにとって初めて耳にする人ですよ」というマーキングをしたのです。実はそれだけではありません。固有名詞を裸で使うことは、相手がそれに対して知識を持っていることを前提にしています。したがって、もし相手が十分な知識を持っていない場合、聞き手に対して知識の共有を強要することになってしまいます。それでは君主に対して失礼です。相手が顔回を知っているかどうかはここでは本質ではなく、君主に対して失礼のないように表現したというのがポイントです。

このように言葉遣いや表現の点で人間関係に配慮することを、言語学では「対人配慮」とか「politeness」という用語を使って表しています。『論語』を読むと、孔子は言葉遣いの上でポライトネスに相当敏感であったことが分かります。[*1] 皆さんも固有名詞や聞きなれない言葉を裸の形で振り回す人には注意した方が良いでしょう。そういう人は自分の知識が他人も知っていて当然だと思う、知識の強要が好きなポライトネスに鈍感な人なのです。

さきほど私たちは絶えず相手の知識や感情を推し量りながら表現を変えていると述べま

した。人の心を推し量る、これを漢語では「忖度」と言います。忖度することは言語の本質と結びついていると思います。よくＡＩは言葉が苦手だと言われますが、人の心を忖度できないところに原因の一つがあるように思います。

「忖度」という語は、『詩経』という中国最古の詩集に出てきます。「他人に心有り、予之《われこれ》を忖度す」（他人有心、予忖度之）。古い注釈では、徳を具《そな》えた聖人君子が、よからぬ人の心を忖度して見破るという文脈で解釈されています。それが近年ある意味まったく逆の文脈で多用されるようになったのはとても残念なことです。人間と言葉の本質を象徴する「忖度」という言葉を汚してしまったのは、日本における言葉の危機の象徴でもあるでしょう。

それはともかく、時空を共有しない古代の人の心を忖度しても、正しいかどうかは分かりません。そこに古い文献を読む最大の難しさがあります。言葉の世界では、同じ言葉を使っていれば、時に齟齬《そご》を生じることがあったとしても、自分も相手も大体同じ感覚でものを見ているという主観性が基本的に共有されています。それは会話が成立することで実感として存在しています（もっともそのような主観性こそが言葉が必ずしも通じない一因でもあるのですが）。しかし古代の人との間ではこのような感覚は確かめようがありません。我々はそれでも古代の人の心を、言葉や文化に対する知識と、言葉の使い手としての感覚をよりどころとして忖度し続けるしかないのです。私たちの言葉と古代人の言葉との間には、言語としてのつながりとともに深い断絶があります。古代の文献と向き合うにはこのことを認識しておく必要があります。

無論、古代の言葉との間にあるのは断絶だけではありません。私たちが二〇〇〇年以上前の古い中国語、漢文の言葉が不十分ながらも理解できるのは、言葉自体のつながり、言葉を操る人間としての時代を超えたつながりがあるからです。「者」にポライトネス・マーカーの機能があるということが分かるのも、先に述べた「安藤さんという人」という日本語の表現との共通性が見て取れるからなのです。私たちはたかだか一〇〇、二〇〇程度の用例を集めて分析しただけで、あっというような発見をすることがあります。時空を超えた言葉の使い手としての人間の共通した基盤があるからです。

古代の言葉を読み解くためには、このつながりと断絶とをきちんと意識することが大事なのですが、現在の教育改革・入試改革にはその意識、特に断絶に対する意識が希薄になっているように感じられます。

プレテストの漢文の問題点

プレテストの漢文を見て感じたのは、複合問題への違和感です。複数の素材を組み合わせて解答させる問題は、教育改革・入試改革の目玉になっているように感じられますが、問題を見る限り有効に機能しているように思えません。二〇一七年一一月のプレテストの漢文を見てみましょう。

第5問 次の【文章Ⅰ】は、殷《いん》王朝の末期に、周《しゅう》の西伯《せいはく》が呂尚《りょしょう》（太公望《たいこうぼう》）と出会った時の話を記したものである。授業でこれを学んだC組は太公望について調べてみることになった。二班は、太公望のことを詠んだ佐藤一斎《さとういっさい》の漢詩を見つけ、調べたことを【文章Ⅱ】としてまとめた。【文章Ⅰ】と【文章Ⅱ】を読んで、後の問い（問1～7）に答えよ。なお、返り点・送り仮名を省いたところがある。

【文章Ⅰ】

呂尚ハ蓋シ(1)嘗窮困シ、年老イタリ矣。以テ二漁釣ヲ一奸《もとム》(注1)二周ノ西伯ニ一。西伯将出猟卜之。曰ハク、「所ハレ獲ル非ズレ龍ニ、非ズレ彲《みづちニ》、非ズレ虎ニ、非ズレ羆《ひぐまニ》、所ハレ獲ル覇王之輔《たすケナリト》。」於イテレ是ニ周ノ西伯猟《かリス》(ア)。果遇フ二(注2)太公ニ於渭《ゐ》(注3)之陽《きたニ》一。与(2)語リテ大イニ説《よろこビテ》曰ハク、「自リ二吾ガ(注4)先君太公一曰ハク、(イ)『当ニ下有リテ二聖人一適《ゆク》上レ周ニ。周以テ興ラント』。子ハ真ニ是レナル邪か。吾ガ太公望ムコトレ子ヲ久シト矣。」故ニ号シテレ之ヲ曰フ二太公望ト一。載セテ与倶ニ帰リ、立テテ為スレ師ト。

（司馬遷《しばせん》『史記《しき》』による。）

（注）1　奸――知遇を得ることを求める。　2　太公――ここでは呂尚を指す。

3　渭之陽――渭水《いすい》の北岸。渭水は、今の陝西省《せんせいしょう》を東に流れて黄河に至る川。

4　吾先君太公――ここでは西伯の亡父を指す（なお諸説がある）。

（注）参考として日本語訳（筆者作成）を載せておきます。原文には一部読みにくい箇所があり、私の解釈は必ずしも問題文の句読や読み下しと一致しませんが、あくまで大意を示すものとしてご覧ください。なお、当然ながら問題文の原文には日本語訳はついていません。

呂尚は、かつて困窮し年老いていた時に、魚釣りを利用して周の西伯に仕官しようとしたとのことである。西伯が猟に出る前に占ったところ、「獲物は龍でもなく、彲《みずち》でもなく、虎でもなければ、羆でもない。獲物は覇王の補佐である」という卦《け》が出た。そこで西伯が猟に出ると、果たして渭水の北岸で呂尚に遭遇した。西伯は呂尚とともに語らい、大いに喜んで言った。「私の亡父太公の頃から言い伝えられていたのは、『きっと聖人が周にやってくるに違いない。周はそれによって興隆することだろう』とのことでした。あなたがまさにその人物ではないでしょうか。太公は長い間あなたのことを待ち望んでいたのですよ」。こうしたわけで、呂尚を「太公望」と呼ぶこととした。西伯は太公望を車に載せて一緒に連れて帰り、師と仰いだ。

【文章Ⅱ】

佐藤一斎の「太公垂釣の図」について

平成二十九年十一月十三日
愛日楼高等学校二年C組二班

太公垂釣ノ図　　　佐藤一斎

謬《あやまりテ》被《れ》二文王ニ載セ得テ帰ラ一
一《いつ》竿《かんノ》風月与レ心違《たがフ》
想《おもフ》君ガ牧《ぼく》野《や》鷹《よう》揚《やうノ》後
夢ハ在《ラン》二磻《はん》渓《けいノ》旧釣《てう》磯《きニ》一

不本意にも文王によって周に連れていかれてしまい、
釣り竿《ざお》一本だけの風月という願いとは、異なること
になってしまった。
想うに、あなたは牧野で武勇知略を示して殷を討伐
した後は、
磻渓の昔の釣磯《つりいそ》を毎夜夢に見ていたことであろう。

狩野探幽《かのうたんゆう》画「太公望釣浜図」
日本でも太公望が釣りをする絵画がたくさん描かれました。

幕末の佐藤一斎（一七七二～一八五九）に、太公望（呂尚）のことを詠んだ漢詩があります。太公望は、七十歳を過ぎてから磻渓（渭水のほとり）で文王（西伯）と出会い、周に仕えます。殷との「牧野の戦い」では、軍師として活躍し、周の天下を盤石のものとしました。しかし、その本当の思いは？

c佐藤一斎の漢詩は、【文章Ⅰ】とは異なる太公望の姿を描きました。

ある説として、この漢詩は佐藤一斎が七十歳を過ぎてから昌平坂《しょうへいざか》学問所（幕府直轄の学校）の教官となり、その時の自分の心境を示しているとも言われています。

〈コラム〉

太公望＝釣り人？

文王との出会いが釣りであったことから、今では釣り人のことを「太公望」と言います。【文章Ⅰ】の、西伯が望んだ人物だったからという由来とは違う意味で使われています。

問7 【文章Ⅱ】の傍線部C「佐藤一斎の漢詩は、【文章Ⅰ】とは異なる太公望の姿を描きました。」とあるが、佐藤一斎の漢詩からうかがえる太公望の説明として最も適当なものを、次の①～⑥のうちから一つ選べ。解答番号は10。

① 第一句「謬りて」は、文王のために十分に活躍することはできなかったという太公望の控えめな態度を表現している。

② 第一句「謬りて」は、文王の補佐役になって殷を討伐した後の太公望のむなしさを表現している。

③第二句「心と違ふ」は、文王に見いだされなければ、このまま釣りをするだけの生活で終わってしまっていたという太公望の回想を表現している。
④第二句「心と違ふ」は、殷の勢威に対抗するために文王の補佐役となったが、その後の待遇に対する太公望の不満を表現している。
⑤第四句「夢」は、本来は釣磯で釣りを楽しんでいたかったという太公望の望みを表現している。
⑥第四句「夢」は、文王の覇業が成就した今、かなうことなら故郷の磻渓の領主になりたいという太公望の願いを表現している。

素材は『史記』に描かれた太公望呂尚と西伯（のちの周の文王）との出会いの場面（【文章Ⅰ】）、それを題材にとった佐藤一斎の詩です（【文章Ⅱ】）。まず『史記』に描かれた出会いの場面を読んでみると、冒頭「呂尚ハ蓋《けだ》シ嘗《かつ》テ窮困シ、年老イタリ。漁釣ヲ以《もっ》テ周ノ西伯に奸ム」というように始まります。年を取り、困窮していた呂尚は、西伯が狩猟に来ることを聞きつけ、釣りを利用して仕官しようと画策します。その計略が功を奏し、西伯は釣りをしていた呂尚と出会い、語り合って意気投合し、「あなたこそ亡き父君が待ち望んでいた聖人ではないか」と言って連れて帰ります。問題文では「『……子《し》ハ真《まこと》ニ是《こ》レナカ。吾《わ》ガ太公子ヲ望ムコト久シ』ト」と書かれています。その後呂尚は周が殷《いん》を滅ぼす立役者となりました。

いっぽう、【文章Ⅱ】として取り上げられた一斎の漢詩は、このエピソードに基づきつつひねりを入れています。訓読すると、「謬《あやま》リテ文王ニ載セ得テ帰ラレ　一竿ノ風月心ト違フ　想フ君ガ牧野鷹揚ノ後　夢ハ磻渓ノ旧釣磯ニ在ラン」（なぜか日本語訳も問題文に出ていた）となります。『史記』では、魚釣りを利用して西伯に仕官を求めようとしていたのは呂尚の方なのですが、それに対して一斎は、「本当は間違って仕官したと思って後悔しているんじゃないの」と混ぜ返していて、言ってみれば戯《ざ》れ歌《うた》のようなものです。【文章Ⅱ】一斎にしたところで、それが呂尚の本心だと思って作ったわけではないでしょう。【文章Ⅱ】に一説として紹介されているように、幕府の招きに応じて昌平黌《しょうへいこう》に出仕したことを誤りだという自分の心境を投影しているのだと考えられます。「【文章Ⅰ】とは異なる太公望の姿を描きました。」という通りです。

このように二つの文章を組み合わせた複合問題なのですが、『史記』と一斎の詩という素材レベルで見るなら、七つの設問のうち、両者に関係するのは問7一つしかありません。[*2] しかも問7は【文章Ⅱ】を読むだけでも解答可能です。詳しい説明は省略しますが、解答として示された六つの選択肢のうち、正答である⑤以外はすべて詩の内容と何らかの点で矛盾することが書かれているからです。この詩の面白さである二人の出会いのエピソードへのひねりは問題文の中で種明かしされてしまっていて、この二つの素材が有効に相互補完し合っているイメージは全くありません。複合問題を作ることだけが目的化されてしまっているように感じられます。

恐らく二つの素材に正面から向き合えば、解答に相当の労力と時間を要します。制限時間内に解答できるレベルで作ると、このような木に竹を接《つ》いだような問題しか作れないのでしょう。『史記』と一斎の比較自体、目の付け所はとても良いと思います。しかし二つの素材に受験生をきちんと向き合わせる余裕がないため、みずから中途半端な種明かしをしたうえで、それぞれ片方だけ読めば解けるような問題を作らざるを得ない。出題者の苦渋がにじんでいると言えるかもしれません。こんな問題を作ることを求められる出題者が気の毒な気もします。

古典から見た新学習指導要領と共通テストへの懸念

新しい高等学校学習指導要領は二〇一八年に告示され、適用は二〇二二年度からで、二〇一九年度から移行期間です。実際のところ、必修とされる言語文化（いわゆる古文と漢文を範囲とする科目）の教科書や高校教育の現場で、古典がどのように扱われるのか、私にはよくわかりません。しかし二〇二一年一月に行われる共通テストに向けて行われた二回のプレテストの問題が、新しい学習指導要領の方向性を先取りしているとするなら、複数の素材を合わせて情報処理をさせることを目指していることは明らかです。

学習指導要領には、「異なる形式で書かれた複数の文章や、図表等を伴う文章を読み、理解したことや解釈したことをまとめて発表したり、他の形式の文章に書き換えたりする活動」（現代の国語）、「設定した題材に関連する複数の作品などを基に、自分のものの見方、感じ方、考え方を深めること」(文学国語)、「設定した題材に関連する複数の文章や資料を基に、必要な情報を関係付けて自分の考えを広げたり深めたりすること」(論理国語)、「同じ題材を取り上げた複数の古典の作品や文章を読み比べ、思想や感情などの共通点や相違点について論述したり発表したりする活動」(古典探究)と、「複数」という言葉がいくつもの科目にまたがって繰り返し出てきます。

大学入試センターが二〇一九年六月七日に発表した「令和3年度大学入学者選抜に係る大学入学共通テスト問題作成方針」にも、「問題の作成に当たっては、大問ごとに一つの題材で問題を作成するだけでなく、異なる種類や分野の文章などを組み合わせた、複数の題材による問題を含めて検討する」とあって、両者は軌を一にしています。しかし具体的な出題を見てみると、それが皮相的なレベルに止《とど》まり、きちんとした原文の読解を目指しているとは思えないのです。まるで現代の情報を処理するかのように古典を扱うことが、古典の読みを深めるうえで適切な方法なのか、とても疑問に思います。恐らく大学で古典を学ぶ際に、プレテストで見たような形だけの比較が重視されるとはとても思えません。大学入試が、受験生が大学で学ぶ能力を具えているかどうかを試すものとすれば、このような問題は大学での学問に対しての誤ったメッセージを伝えるものと言わざるを得ないでしょう。

言葉の理解は、閉じられたテキストの中で完結しているわけではありません。言葉を使う私たちが置かれた社会、環境、地域、文化等様々な要素と不可分の関係があります。それらは時にノイズとして働き、言葉によるコミュニケーションを阻害する要因ともなります。例えば「未来」という言葉をカタカナ表記した「ミライ」を見ると、私は思わず「ミイラ」と読んでしまいます。これは私自身が、前者が漢字表記、後者がカタカナ表記される言語環境に馴染んできたことに大きな原因があります。

不注意と言ってしまえばそれまでですが、人間は常に高度な集中力を払ってコミュニケーションに臨んでいるわけではありませんし、何気ない会話に神経を集中していれば、疲れ切ってしまって、かえって人間関係に支障が生じかねません。そのような不注意を補ってくれるのが言葉を取り巻く文化であり、社会環境です。逆に言うと、それらから切り離された場で言葉を理解するのがいかに困難であるのかを、古典研究は気づかせてくれるのです。

言葉自体がどんなに単純で易しくとも、生身の人として身を置く場とは無関係に唐突に発せられたならば、私たちは戸惑い、理解に時間を要するでしょう。外国の言葉が難しいのも、昔の文献が理解しにくいのも、普段馴染んだことから切り離された環境に身を置くことに原因の一つがあるという点では、根は同じだと思います。だからこそ、それらを身につけるためには長期間の学習・訓練と、対象に真摯に向き合うことが必要になるのです。高度情報化社会において、様々な情報を同時並行的に処理することに目を奪われるあまり、言葉は言葉の中だけで完結するものではないという当たり前のことが、忘れかけられているのではないでしょうか。

今回のテーマを考える中で読んだ本の一つに、新井紀子さんの『AI vs. 教科書が読めない子どもたち』があります。ホームカミングデイのシンポジウムでは直接には取り上げませんでしたが、今回の問題にも絡む点がありますので、少し言及しておきたいと思います。本書はAIが言葉の「意味」をどのように処理しているのかについて、さらに言えば、言葉の意味を理解できないAIが、「意味が分かっているかのように振る舞えるようにするために」どのような処理を行っているのか、文章の同義判定が苦手なAIが国語の記述問題を採点することは現状では不可能なこと等を、専門外の人間にも分かりやすく解説してくれていて、とても興味深く読みました。

二〇一九年一二月一七日、文科省は二〇二一年一月実施の共通テストの国語において、記述式問題の導入を見送ると発表しました。採点ミスの懸念や自己採点の難しさ等が理由のようですが、文科省は今後の対策として、AIを活用して模擬的に自己採点ができる手法を導入することを検討しているそうです（「読売新聞」一二月六日夕刊）。そもそも大学入試で満足な点数を取れないAIに手助けしてもらって受験生が安心できるのかと言いたくなりますが、万一、受験生がAIに分かりやすい文章を書くように誘導される結果になってしまっては由々しきことだと思います。これでは人間の機械化と変わりません。

以上のように多くの啓発を受けた一方で、AI研究をもとに基礎的読解力を測定するために新井さんたちによって開発されたいわゆるリーディングスキルテスト（RST）に関しては、ある種の違和感が拭えませんでした。RSTは論理的に明瞭で極めて簡潔な文章で作られています。そこには無駄がありません。だからこそ難しいのです。被験者の中には、RSTが何を問うているのか理解できない人も少なくなかったのではないかと想像しています。

言葉上の意味は理解できても、世界との関係や、発話の意図が分からない言葉はそんなに簡単には頭には入りません。それは文化的コンテクストから切り離された古典の理解が難しいことと、ある種の共通の問題を含みます。だから言葉を職業としている人々でさえ、しばしば正答できないことになるのだと思います。私も解答しながら読みましたが、不正解が一問ありましたし、解答に時間を要した問題もありました。もしＲＳＴの周囲に、その背景や質問の意図が十分に伝わるだけの説明があれば、もう少し容易に解けるでしょう。教科書ではその役割を教室で教師が担います。ＲＳＴができないことと、教科書が読めないことは、同じではないと思います。

無駄のない言葉、抽象的な言葉の理解には高度な集中力、思考力が必要で、それは高度な言葉の技術です。だからこそある種の大学合格率との間に一定の相関関係が発生するのだと思います。しかしそれだけがいわゆる「基礎」ではありませんし、ＲＳＴの点数が低くても小説を十分に楽しめるはずです。私はＲＳＴの効用を否定するつもりはありません。しかしそれによって測ることができるのは、多様な言葉やその読解スキルの一つでしかないことを忘れてはならないでしょう。

話を共通テストに戻しますが、私は複数の素材を読み合わせること自体を否定しているのではありません。それはより深い理解や新たな発見に欠かせないプロセスです。この試験で取り上げられた『史記』と一斎の詩も、かりに教科書で取り上げれば、授業で面白い展開が期待できそうです。しかし時間の限られた試験で取り上げるには相当な無理があることは先述した通りです。中途半端な情報処理をするより、きちんと素材に向き合うという当たり前のことが、理解を深めるうえで最も大事なことなのです。話し手のいない古典は、現代のテキストとある意味で全く異なります。そこを蔑《ないがし》ろにしてはなりません。

指導要領「国語」の解説に繰り返し出てくる「複数」というキーワードは、幸いなことに主に古典的なテキストをその範囲とする「言語文化」の解説にはほとんどありません。大学入学共通テストの古文、漢文は、新要領で必修とされる「言語文化」を出題範囲とするものでしょう。だとすれば、学習指導要領の方向性に過度に迎合せず、中途半端な複合問題は廃止して、読みの質そのものを問う良質な出題という原点に立ち返ることが望ましいのではないでしょうか。安直な複合問題を出さないこと自体、原文にきちんと向き合うことが大事というメッセージになるはずです。

おわりに

私たちの言葉も数百年後には古代語となるでしょう。今の改革のような方向性が定着すれば、数百年後の人々は私たちの言葉にきちんと向き合わなくなるのではないでしょうか。これでは私たちの言葉が古典となる道を、自ら閉ざしているようなものです。古い言葉と私たちの言葉との間のつながりと断絶とを適切に捉え、素材ときちんと向き合う姿勢を未来へ継承することが大事だと思います。

言葉は変わります。社会や文化も時とともに変わり、それにつれて私たちの感覚も変化します。過去の言葉と向き合うこと、それは、その時々の社会の中で、伝えられてきた言葉の意味を再確認することです。これを怠れば、過去の言葉と文化は荒れ果て、やがて忘れ去られてしまいます。

断絶があるから完全には分からない。分からないから考える。テキストのまさにこの位置にある言葉の意味を、作者はどのような必然性があって、どのような感情をもって、なぜそのように表現したのでしょうか。それを突きとめるのは容易なことではありません。しかしその姿勢と方法を新たな世代へと継承していくことこそが、過去だけではなく、今の言葉を未来へ伝えることにつながります。過去の言葉に耳を澄まさぬ者に未来を語る資格はありません。未来からの訪れを自ら閉ざしていることになるからです。古典を読むことは、決して過去のみを振り返る後ろ向きの行為ではないのです。

古典とは、既に読みつくされているものでは決してありません。未解明の部分がいくらでもある宝の山なのです。つながりがあるから発見が可能です。その発見の楽しさを未来に伝えていくのが私たちの役目です。そうして数百年後の人々が私たちの言葉を発見してくれることを願います。

註

＊1　孔子がポライトネスに敏感であったことを示す例を、『論語』からもう一つ紹介しておきましょう。衛《えい》という国に滞在中の孔子は、君主の霊公《れいこう》から軍事について諮問を受けます。乱れた国内を礼儀によって立て直そうとはせず、軍事にしか関心を示そうとしない霊公に愛想をつかした孔子は、「礼儀については存じていますが、軍事のことは学んでおりません」との答えを残し、翌日弟子を連れて立ち去りました。

私が着目するのは孔子の答え「軍旅の事は、未《いま》だ之を学ばざるなり」（軍旅之事、未之学也）の「未」という否定詞です。単に事実を否定するのであれば「不」や「弗」など他の言葉もあるのですが、「未」は否定される行為の将来の実現性に含みを持たせた表現です。すなわち、「今はまだ軍事についてきちんと学んだことはないのですが、この先しっかりと学びたいと思っています」のようなニュアンスを含み得るのです。

ここでは、孔子が本当に過去に軍事を学んだことがないかどうかは重要ではありません。孔子は諸侯から政治家として一目置かれる存在でした。その彼が、単に「軍事は勉強していない」と言えば、相手の質問が的外れであると受け取られる可能性があります。孔子は自分の軍事知識が現状では諮問に答えるのに不十分であることを前面に出し、相手のメンツを立てつつ、答えを避けたのです。

このように、一文字にこだわることで初めて見えてくる書き手の意図や孔子の人物像があります。そうした発見も古代の言葉の研究や古典読解の醍醐味《だいごみ》の一つだと思います。

＊2　ちなみに、問6も【文章Ⅰ】と【文章Ⅱ】の双方にまたがる設問と言えなくもないのですが、厳密に考えれば問6が問うている【文章Ⅱ】のコラムは素材としては『史記』の内容を対象としており、素材レベルでは複合問題とは言えないでしょう。参考までに、以下に問6の設問文と選択肢も引用しておきます。

問6　**【文章Ⅱ】の□で囲まれた〈コラム〉**の文中に一箇所誤った箇所がある。その誤った箇所を次のA群の①〜③のうちから一つ選び、**正しく改めたもの**を後のB群の①〜⑥のうちから一つ選べ。解答番号は8・9。

A群　8

①　文王との出会いが釣りであった
②　釣り人のことを「太公望」と言います
③　西伯が望んだ人物だったから

B群　9

①　文王が卜《うらな》いをしている時に出会った

② 文王が釣りをしている時に出会った
③ 釣りによって出世しようとする人のことを「太公望」と言います
④ 釣り場で出会った友のことを「太公望」と言います
⑤ 西伯の先君太公が望んだ人物だったから
⑥ 西伯の先君太公が望んだ子孫だったから

なお、正答はそれぞれ8が③、9が⑤です。解説は割愛します。

第五章
全体討議

安藤　これで一応皆さんの発表が終わりました。それぞれ大変興味深くお聞きしました。最初に、それぞれの発表に対して簡単にコメントをしていきたいと思います。

まずは阿部さんの発表から。キーワードは「ニュアンス」ということだと思うんですけど、「ニュアンス」を読み取っていくのは、結局は我々の想像力の問題なんですよね。極端な話、「雨の降る日は天気が悪い」と、これだって一行詩になるわけです。ただ事実を言っただけでも、日常の味気なさとか、倦怠感《けんたいかん》とか、そういうものを読み取っていくことができる。文科省の指導要領に準ずる、指導要領解説の中で、結局途中で引っ込めた表現なのですが、当初、「論理国語」という教科は、「非文学」でなければいけないという指標があった。だけど阿部さんがおっしゃったように、そっけない、事務的な文章だって、我々の想像力でいくらでも文学にできてしまうわけですよね。文学とそうでないものの境界なんかないんだということを改めて思いました。

次に沼野さんの発表について。文科省が今回の改革で強調しているのは、話す・聞く・

書く、この三つの能力をバランスよく身につけなければいけない、話す、聞く能力が不足しがちであるということなんですけれども、ではそれを決めている人たちが、政治家を含めて、本当に話す・聞く能力があるんだろうかという、ちょっとなかなか皮肉のきいたお話でありました。

それから、本来、お互い見えない中で言葉で模索し合っていき、そこから多分言葉に対する畏敬の念というのが出てくると思うんですけれども、そうではなくて、何か表面的に都合のいい部分だけを取り出して、予定調和的な、契約書の話も出てきましたけれども、コミュニケーションというものがそういう方向に行ってしまっているのではないかという、恐ろしさのようなものについて触れておられたように思います。

続いて納富さんの発表について。何ヵ月前だったか、たまたま納富さんとちょっと立ち話をしていた時に、今度高校の現代文が「論理国語」と「文学国語」の二つに分かれてしまうんだと。「論理国語」は論理と実用を重視して、「文学国語」は文学をやるんだと。そういう分類なんですよと申し上げた時に、納富さんが不思議そうな顔をされて、「うーん、論理って実用と全くなじまないし、私たちがやっている論理って、まず日常の役に立たないんですけれどもねえ」と首をひねっておられたのが印象的で、きょうのお話で、とてもそのあたりのことがよくわかりました。言葉は魂と魂のぶつかり合いなのだというのは、大変深く心に入ってくる言葉でした。

そして大西さんの発表について。特に最後のところは、そのままシンポジウムのまとめになるのではないかという、すばらしいお話をしてくださいました。

新テストのいわゆる複合問題が、比べること自体が自己目的化してしまっているのではないか、というのは、実は、古文・漢文だけではなくて現代文もまさにそうなっているんですね。現代文も、書いた人に対する敬意を欠くのではないかというような比べ方ですね。素材に向き合うというよりは、出題者の、比べようとする意図を忖度する力を受験者に聞いてくるような方向に進みつつある。ＰＩＳＡの結果から、情報処理能力の欠如、という課題だけが一人歩きを始めて、そこに過剰に反応して、その結果、全体がおかしなことになりつつあるような気がします。

さて、ここからは限られた時間、大いに語り合って、ふだん我々が教授会の合間にどんな会話をしているか、その舞台裏を知っていただくというか、そこまでは言いませんけれども、楽しく議論をしていきたいと思います。

ではまず、口火を切るような形で阿部さんからお願いできますか。

阿部　いろいろと伺いたいところですが、まずは二つほどお訊きしたいことがあります。一番最後の大西さんの、固有名詞の話というのは非常に面白かったです。固有名詞というのはたぶん哲学のコンテクストで考えると、また違う深みを持ったテーマだと思いますし、きょう納富さんが、「私である」と言った時の「私」も一種固有名詞として存在しているわけです。いみじくも沼野さんの発表でも触れられましたけど、固有名詞の間違え方というのも、たぶん大西さんが言及された固有名詞とポライトネスの問題とすごく近いかもしれません。

一七〜一八世紀のイギリスでは作法書が数多く出版されました。会話の時、自分より身分が高い人とはどういうふうに話すべきかといったことを指南したりするものです。「ブック・オブ・シビリティ」とか「コンダクト・マニュアルズ」と呼ばれていたのですが、そういう本の中には身分の高い人が「例の象を使ってアルプス越えした、ほら、あれ、あれ」というふうに、例えば固有名詞が出てこない時に、どうやって「ハンニバルのアルプス越え」とか「第二次ポエニ戦争」といった固有名詞を教えてあげるか、ということの作法が書いてあったりするんですよ。あるいは偉い人が、さっきの炎上議員みたいな感じで、名前を、「例の何とかなさった○○○○のはあれ」と言った時に、それが間違っていた時に、どうやってさりげなくそれを教えてあげるか、といったことも昔から問題になってきたようです。そこは面白いと思いました。

ただそこで、固有名詞というのは一見絶対的な情報のように思えるんだけれども、まさにその固有名詞にコンテクストという、非常に柔らかいというか、混沌《こんとん》としたものがくっついてくるというのは、これまた言葉の不思議な側面だなという気がしました。

大西さんのお話の一つの大きなポイントは、我々の、例えば読むということを考えた時に、文字を読む、に限らず、相手を読むとか、相手の心を読むという時には、コンテクストということが何より問題になるということだと思います。固有名詞のほうから入ってもいいですし、コンテクストのほうから入ってもいいんですけども、そのあたりに関して、皆さんちょうど話がちょっと重なるところかなと思いました。納富さんの「言葉は私自身である」、それについてももし時間があれば、よろしくお願いします。

大西　言葉を理解するというのはどういうことかというと、やはり言葉を言葉だけで理解しているんじゃないんですね。そのコンテクストから来る情報というのが、これがものすごく大事で、我々は言葉とその環境、コンテクストを常に参照しながら言葉を理解している。だから私は、新井紀子先生の『ＡＩ vs. 教科書が読めない子どもたち』を読んだ時に、一つ大きく感じた違和感というのは、後半部分、リーディングスキルテストというのがありましたよね。あれは、コンテクストからやはり切り離されて言葉だけの理解でやっている。それは非常に難しいことです。だからあれの点数が悪いことで一喜一憂する必要は、私は全くないと思いますね。

私自身小学生の時に鶴亀算*というものをやらされまして、あれ皆さん覚えていらっしゃいますかね。解き方を見ても、何が言いたいのか全くもう理解できないんです。もう泣き

＊「鶴と亀が合わせて○○匹、足の数が△△本である時、鶴と亀はそれぞれ何匹いるか」などという計算をさせる問題ですが、現在では小学校で教えられていないようです。中学校で教わる連立方程式を使えば簡単に解けます。

そうになるんですね。父親が教育熱心で、夜会社から帰ってきて、黒板に書いて教えてくれるんですけど、ますますわからなくなりましてね（笑）。ところが中学に入って、方程式を習いましてね、あ、こんな単純なことをこんな難しく言っていたのかと。これさっきの納富先生のお話とも非常に共通することかと思うんですけれども、言葉は言葉だけで完結するわけではありません。

安藤　納富さん、いかがですか。

納富　まさに言葉というものには、コンテクスト、つまり、言葉を使っている場を考える必要があります。この論点に関しては、現代でもいろいろ大きな問題が起こっていることが指摘できます。例えば、電子媒体のさまざまな通信機能で、特定の人にしか宛てていない文脈で書いたものが想定外に拡散してしまうとか、意図したことと違うふうに受け取られるといった形で、さまざまな齟齬が生じて深刻な問題となっています。基本的に、言葉である以上、何らかのコンテクストを持っているということは間違いありません。「僕はこの人にしか言っていない」という言葉も、別の人に読まれる可能性があるし、そういうことに対して、どう考えていくかというところが、いろいろな意味で試されている。これが、まず一つ、現代の問題としてあると思うのです。

もう一つ、コンテクストというものは、何度も読むことによって変わるという点も重要です。何か一つの文章があったらそれに対応するコンテクストも一つだけがあると考えるのは大間違いです。大西先生も私と同じく古典を対象に研究しておられるので、この点に同意していただけると思いますが、古典は何度も何度も、何千年も読まれているもので、一人の人間でも三度も四度も読むことによって、その都度違うふうに読まれていくものです。読む私たちも変わってくるからです。同時に、時代によって違うふうに読まれているのだったら、やはり言葉には一つのコンテクストだけがあって、その正しいコンテクストを読み解くといった考え方は全く間違っている。いろいろな意味で間違っていると思うのです。

つまり、さまざまなコンテクストを読み解く力こそが重要なのであり、その意味で言うと、先ほど言った、最近のSNSのような問題も含めて、コンテクストの読み解きを意識する発信というのが重要なのではないかと思います。

安藤　文科省の改革の個別のことというよりも、むしろその背後にある世の中の大きなうねりというんでしょうか、とても怖いものを感じるんですけど、言葉のやりとりに関して、答えは常に一つでなければいけない、何かそういう強迫観念というんですか、そういうのは昔からあったと思うんですけれども、最近特に強くなってきているような気がする。とにかくわからないということが薄気味悪い。わかるようにしておかなければいけないという、それが論理という言葉がひとり歩きするような、そういう風潮になっているような気がするんですけどね。

いかがでしょうか。どなたでも。

沼野　いま安藤さんの言ったことに直接反応すると、文学をやっている人間というのは、いろんな問題に対して、答えは一つではないということを常に思っているわけですね。曖昧であること自体にむしろ意味がある。文芸批評家のウィリアム・エンプソンには、『曖昧の七つの型』（岩崎宗治訳、岩波文庫、二〇〇六年）という有名な著作があります。文芸作品については、一つだけの解釈が正しいなどとはとても言えない。ただし、それだと採点しにくいので、入試問題も出しにくい。文学は要らないと言いたがる人が出てくる理由の一つはそんなことかもしれません。

さらに、文脈、コンテクストの問題についてちょっと付け加えておきます。本書第二章でご紹介したヤコブソンの言語の機能についての理論においても、コミュニケーションの成立には最低六つの要素が大前提になっていて、その一つは文脈(コンテクスト)でした。ところが入試で問われるのは、実際のコンテクストなしに英会話をしろとか、社会の現状を考慮することなく実用文を理解しろとか、そういった不自然な、人工的なことなんです。

社会的な状況に応じて言葉の使い方が変わってくるというのも、言葉に対する一種の社会的・政治的コンテクストの影響でしょう。大西さんはさすが中国文学のご専門で、「忖度」という言葉はもともとどういうふうに使われていたかということを説明してくださいました。本来これはむしろ立派な意味を持つ言葉だったわけですが、最近の日本では意味が完全に変わってしまいました。

大部分の辞書はまだそういう変化に追いついていないのですが、私の調べたところだと、三省堂の『現代新国語辞典』という、これは高校生向きの大変いい学習辞典なんですが、この最新版(第六版、二〇一九年一月発行)の記述を見ると、「忖度」というのは、相手(権力者)の心の中を推しはかるだけではなくて、相手が希望していることを「言われる前に行う」という行為まで意味に含まれています（笑）。こういう最新の変化まで取り込もうとする編者の国語学の篤実な先生方の努力には頭が下がりますが、世の中の悪《あ》しきコンテクストの影響を受けて言葉の意味がこんなふうに変わってしまうのは嘆かわしいことです。

最後にもう一つ、余談というか、おもしろいエピソードをご紹介しておきます。「丸い三角形」ということが納富さんのお話に出てきまして、これですぐに思い出したのがロシアの文豪ドストエフスキーのことです。彼の『罪と罰』という小説の主人公ラスコーリニコフが下見に行った金貸しの老女の部屋に「楕円形《だえんけい》の丸いテーブル」があると書かれているんですね。まことしやかに語り継がれている伝説によれば、編集者がこれはどう考えても書き間違いではないかと思って、「『丸い』は取ったほうがいいんじゃないですか」と訊いたというんですが、ドストエフスキーはしばし考えたうえで、「いや、このままにしよう」と答えたとか。

いずれにせよ、「楕円形の丸いテーブル」は『罪と罰』に残っています。ところが大部分の日本の読者は、この古典的名作にそんな変な表現があるということを知りません。なぜかと言うと、ドストエフスキーを日本語に訳してきた歴代翻訳家たちは、論理的にこれはあり得ないと思って、みな翻訳の際に「丸い」を勝手に削ってしまったのです。ですから日本語訳ではすっきりと「楕円形のテーブル」となっています。ドストエフスキーが編集者の助言を受け入れなかったのは、意地を張っただけなのかもしれませんが、いずれにせよ、文学作品の表現というのは、こんなふうに、形式論理では片づけられない著者の複雑なこだわりがあるということです。

阿部　もし哲学の分野から説明があればお聞きしたいところなんですけども、たぶん何を言っても言葉というのは何かを意味してしまう特性がありますね。例えば「東大にだまされた」とか「東大はばかだ」とか言っても、論理的に考えると変なんですけども、何か意味を想像できてしまいますし、伝わってしまう。今日はどうしても、人文学対財界みたいな話になりつつあるんですけども、それはあまりよくなくて、財界の人にとっても、人文学の人がねちねち考えているようなことというのは非常に大事だし、今のような言葉の機能というのは、ビジネスの世界でもおおいに関係する。むしろそういうところでこそ経済は動いているし、人間も生きているんだと思います。

だから、「言葉は道具だ」とか、「実用英語が一番」とか言っている人に、どうやって納得できる形で伝えるかというところが次のステップになるかなと思うんですけれども、そういうこともぜひ伺いたいです。

一つだけ例で言うと、英語方面では、すぐ実用英語が一番みたいな話が出ます。確かに学校で習った英語が外国に行くとうまくいかないとか、そういうことはよくあるんですね。そこですぐ、では実用英語、使える英語、使える道具という話になる。でも、具体的に見ていくと、本当に大事なのは、これがまさに納富さんがさっき言及した話につながるのですが、実用英語ではなくて、実存英語なんです。システムを閉じたものとして見て、そのシステムを理解するというのは、学校の勉強である程度できるんですけども、そのシステムに自分が巻き込まれている時の言葉の運用というのが意外と難しい。ごく単純な「ちょっとそこにあるのを取って」とか、「ちょっとあそこの向こうにあるあれさ」とか、「あれコピー用紙どこにあるの?」みたいな英語が難しいんです。

なぜ難しいかというと、自分の位置というのは常に変わるので、その物と自分の位置が関係してくる言葉というのは、英語に限らず、日本語でも難しい。かつ言語によって微妙にスタンスの取り方が違うんですね。つまり世界との関係のつくり方が違うわけです。そこでいろいろと障害が生じるんだろうなと思います。さっき「言葉は私自身だ」と納富さんがおっしゃった時に、そういうことも含まれておっしゃっていたんだと思うんですけれども、いかがでしょう。

あと、ついでに、どなたでもいいんですけれども、どうやって「言葉は道具だ」みたいなことを言う人を説得するか、ということに関してアイデアがあるでしょうか（笑）。

納富　ご発言、どうもありがとうございます。最初におっしゃった「意味」ということに関して言えば、とにかく、まずは言葉を発する場面が重要で、発している以上、それは意味記号だと思うのです。だから、全く無意味で、一人でムニャムニャ言っているのではなくて、誰かに向かって何か言っている以上は、その人が変な言葉、例えば「丸い楕円形」という言葉を発したとして、それはやはり何かを意図しているのではないかと、私たちは受け取ります。

阿部　つまり、言葉の背後にはつねに相互性や関係性がある、と。

納富　はい、そうですね。言葉は、浮いているところで発せられるものではなく、発することによって誰かに何かをもたらすという関係なのですね。それで言うと、言葉がいろいろな意味を持ってしまうという、先ほどから皆さんがおっしゃっているその複雑さの原因がどこにあるかといったら、当たり前のことを当たり前に言って当たり前に伝えるといったことは、普通、人間関係においてはインパクトがないからでしょう。逆に言えば、言葉の表現を工夫することで、ウッと身構えたり、アレッおもしろいと思ってくれたりするわけですよね。だから、ドストエフスキーもそうだと思いますが、「丸い楕円形」と言われたら、みんな「えっ?」と驚きます。「これ何?」と思って。そこで思わず注意が向けられ、机が、ちょっとどちらとも言いようのない形だった、と印象に残るのでしょう。

哲学では、言葉がそれ自体で力を発揮して現実を動かしていくという「言語行為（スピーチ・アクト）」と呼ぶ考え方があります。まさにその通りで、言葉には一つの意味が決まっていてそれを伝えるというのではなく、むしろ言葉が何かを動かし、作り上げていくという重要な働きを持ちます。言葉を道具と見なさないという論点については、動かしたり動かされたりするのは私であり、あなたなのですね。そこで重要なのは、私たち人間が存在しているという場で、言葉を語る現場から切り離して、こういう言葉を使えばこういう意味が通じますとか、こういう言葉はこういう意味を持っていますといった、言葉をそういう固定的な道具として捉える見方が、言葉を交わす相手も道具とみなしてしまうような発想につながるということではないでしょうか。

安藤　一連の議論を伺っていまして思うんですけど、何で学習指導要領はとにかく「文学」とそうでないものとを区別して、「文学」を別枠に囲い込みたがるのか。それに対して、例えば文学を守れとか、そういう言い方をしてもあまり意味がないんですよね。その背後にある力というか、やはり区別したがる人は文学が怖いんだと思います。今言ったその複雑なもの、答えを一つに確定してはいけないからこそ、ここは踏みとどまらなければいけないんだという、そういう発想に入っていかざるを得ないから排除されてしまう。繰り返しになりますが、そういう風潮が一番怖い。

大西　言葉はツールではないということをどうやって理解させればいいかということですけれどもね、やはり、これはもう、わからない人にはわからないんだろうと思いますが、何かそう言ってしまうと、身もふたもありませんけれども（笑）。

例えば、あなたは死ぬ時に、遺言というか、最後の言葉をどういう言葉で伝えますか。あるいはプロポーズする時に、どの言葉でやりますかと。ツールであれば、一番自分の感情というか、その適切な内容を伝えられる言語を選べばいいわけですけれども、そうではないわけですね。自分の魂というものが全面に出てきて相手と向かい合う時、それはやはりツールではない。魂の問題になってくるわけですから。

例えばプロポーズも一種の道具なんだと、その場で一番適切な言語を使えばいいんだというような考え方もあるかもしれませんけれども、そう言ってしまうと、やはりどうしても、人間も道具で操作できるものなのかというようなところにきて、だんだん人間らしさというものが失われていくような気がします。やはり言葉と魂との関係ということを、忘れないようにしたいなと思っております。

安藤　一連の改革論議の中でよく出てくる言葉、論理、実用、文学という言葉が、いかにも軽いんですね、使われ方がね。その時々によって、その文脈に都合よく、言葉がひとり歩きしてしまって、反論するにも、どう反論していいかもわからなくなってしまうような、軟体動物を相手にしているような気がするんですけれど（笑）、もう少し言葉を考えて使わないと。例えば、以前出席したことのあるシンポジウムでも出た意見なんですけれども、「論理」と「文学」というふうに分けてしまった段階で、パブリックな、権力の問題になりますからね。分けてしまった瞬間に、ああ、その二つは違うものだという、そういう発想がひとり歩きしてしまう、これが一番怖いような気がしますね。

沼野　納富さんの言われたことのなかで、やはりさすが哲学をやっている人はすごいなと思ったんですが、魂という言葉が出てきて、コミュニケーションというのは、単に言葉を道具として使っているんじゃなくて、魂と魂の触れ合い、ぶつかり合いだということは、まさにその通りだと思います。ちょっと気恥ずかしくて、普通使えないですよね、魂って。ただ、私のやっているロシア文学だと、魂という言葉は異常にたくさん出てくるんです。これは、英語で言えばソウルですけど、私の説は、アメリカの黒人とロシア人というのは、世界で二大「魂が好き民族」ということです（笑）。いずれにせよ、人間にとって口先だけの言葉ではコミュニケーションできない部分が大きいということは、忘れてはならないでしょう。

コミュニケーションについてもう一言だけ補足すると、二、三年前に、地方のある大学に呼ばれて、言葉とコミュニケーションについて講義をしたんですが、相手が悪かったのか、なにしろTOEICの対策講座のような授業の学生たちで、終わってからある学生が反論を言いにきた。「先生は、人間のコミュニケーションでは、うまく理解し合えないことが多い、外国語というのはそういうものだから、それを前提にして考えなければいけないと言ったけれど、私はそれは違うと思う。言葉は通じるものです。私はちゃんと英語を勉強しているから、ちゃんと相手の言うことも理解できるし、会話もできます」と言うんですね。それだけはっきり教師に反論する学生がいるというのは、大変立派だとは思いますが、民間試験でいかに高い点を取るかしか考えないような教育はどこか根本的に間違っているのではないかとも思ってちょっと暗くなりました(笑)。

文学は、人間がいかに通じ合えないかということを取り上げてきたわけです。尾崎放哉《ほうさい》に有名な「咳《せき》をしても一人」という自由律俳句がありますね。別に誰かに悩みを訴えたいわけじゃないんだけど、咳を誰かが聞きつけてくれたらね、「だいじょうぶですか」と心配してもらえるわけでしょう。ところが放哉は全くのひとり暮らしで、咳をしても誰からも声をかけてもらえない。コミュニケーションができない状況です。放哉の場合は自分で自分をそこまで追い込んでしまったんでしょうけれども。

いま活躍している川上未映子《みえこ》さんという優れた小説家の最近作に、『夏物語』というものがあります。この最初のほうに――これは芥川賞受賞短編の『乳と卵』にもともと入っていたエピソードですが――場面緘黙症《かんもくしょう》と呼べそうな子供が出てきます。場面緘黙症というのは、口はきけるんですけども、特定の相手や、特定の社会状況において口がきけなくなる症状です。悪ふざけをしているわけではなくて、本当に一種の病気なんですね。川上さんの小説では、緑子という女の子が学校では普通にしゃべっているのに、親に対してだけは絶対口がきけなくなってしまう。優れた文学というものは、そういうものにむしろ向き合うんです。そこに人間の魂の大事なところがある。だからつるつるしたものだけがコミュニケーションではないということでしょう。

安藤　今の沼野さんのお言葉が全体のまとめにもなっているような気がするんですが、とにかく言葉というのは誤解が宿命で、通じないものなんだと。でも通じないからこそ、そこに切なさや悲しさや、次の努力が生まれてくるので、だからこそ文学があるわけですけれども、どうもそのあたりが、何か世の中全体の風潮として、わからなくなってきてしまっている。ないがしろにされている。あるいは目先の通りやすさ、わかりやすさが優先されるようになってきてしまっていると。

そういう中で、最後にちょっと面はゆいのを我慢して言いますと、そこにこそ我々文学部の意義や使命があるというんでしょうか。絶望しないで声を大にして言い続けていくことの大切さがあるのかなという気がいたします。

あっという間に時間になってしまいました。登壇者の皆さんどうもありがとうございました。

それでは最後に、まとめの言葉として、きょうはあくまでもパネリストだということで自己限定されていたんですけれども、文学部長の大西さんにお言葉をいただきたいと思います。

大西　本日は、天気もあまりよくない中、大勢の皆さんにご参加いただきまして、本当にありがとうございました。先ほども安藤さんがおっしゃったように、言葉というのは通じないものなんですね。通じることを前提にして考えるのではなくて、その通じなさに焦点を当てて考えていくことが、文学部がこれから社会に存在して行く意義の一つではないかというように感じております。

本日は本当にどうもありがとうございました。

安藤　それではこれで終了とさせていただきます。どうもありがとうございました。

おわりに

「東京大学ホームカミングデイ」は毎年一〇月第三土曜日に大学が主催している公式行事です。卒業生と在学生の交流を主な目的にしていますが、当日はキャンパスが一般に開放され、どなたでも参加が可能です。文学部もこの行事には力を入れており、毎年独自のシンポジウムを企画して、われわれの学問の魅力を、広く一般に周知することに努めてきました。

東京大学文学部の扱っている学問は哲学、歴史、語学・文学、社会科学など実に多岐にわたり、専攻（専修課程）の数は二七にも及びます。全国の人文学系の学部の中でも屈指の規模だと言ってよいでしょう。ちなみに中学、高校の教科で言いますと、これらは「国語」「英語（外国語）」、そして「社会」の大半、つまり文化系の教科の大部分に該当するわけです。当然、対象は古今東西のあらゆる文化事象にわたり、人類の普遍的な真理を探究することを目的にしています。

文学部の学問は、ただちに目に見える形で「社会に役立つ」ことをめざすものではありません。それでは社会の役に立たないのかといえば、決してそのようなことはない。その知性は、ただちに数値化できない、奥深いところで社会の根幹を支えています。言い換えれば、「社会に役立つ」ことを皮相なレベルで捉えようとする成果主義、功利主義的なあり方そのものに警鐘を鳴らしていくところに存在意義があるのだと言えましょう。人類が長い歴史とともに培ってきた智恵《ちえ》を軽視し、あるいは否定するような動きが社会に出てきた時、当然のことながら、我々はこれを座視することはできません。そして今、その危機は目に見えない形で確実に迫ってきています。

二〇一九年度の文学部のホームカミングデイは、こうした観点から、文学部的な「知」の社会発信をめざして企画されました。おかげさまで大きな反響があり、たまたま当日の聴衆の中に集英社の石戸谷奎《いしとやけい》氏がおられ、この企画を「新書」化することを強く勧めて下さったのが本書の誕生のきっかけです。企画、編集にお骨折りいただいた石戸谷氏にあらためて御礼申し上げたいと思います。あわせて、末筆になりましたが、登壇して下さった先生方、文学部総務チームの皆さんに、心より御礼申し上げる次第です。
これを機に、社会に警鐘を鳴らしていく文学部の「知」のあり方に対し、一層のご理解を賜ることができればこれにすぎる幸いはありません。

令和二（二〇二〇）年五月二〇日

東京大学文学部広報委員長　安藤　宏

資料①

「大学入学共通テスト（仮称）」記述式問題のモデル問題例（平成29年5月）より

モデル問題例1

かおるさんの家は、【資料A】の「城見市街並み保存地区」に面している、伝統的な外観を保った建物である。城見市が作成した景観保護に関する【資料B】「城見市『街並み保存地区』景観保護ガイドラインのあらまし」と、かおるさんの父と姉の会話を読み、後の問い（問1〜4）に答えよ。

【資料A】

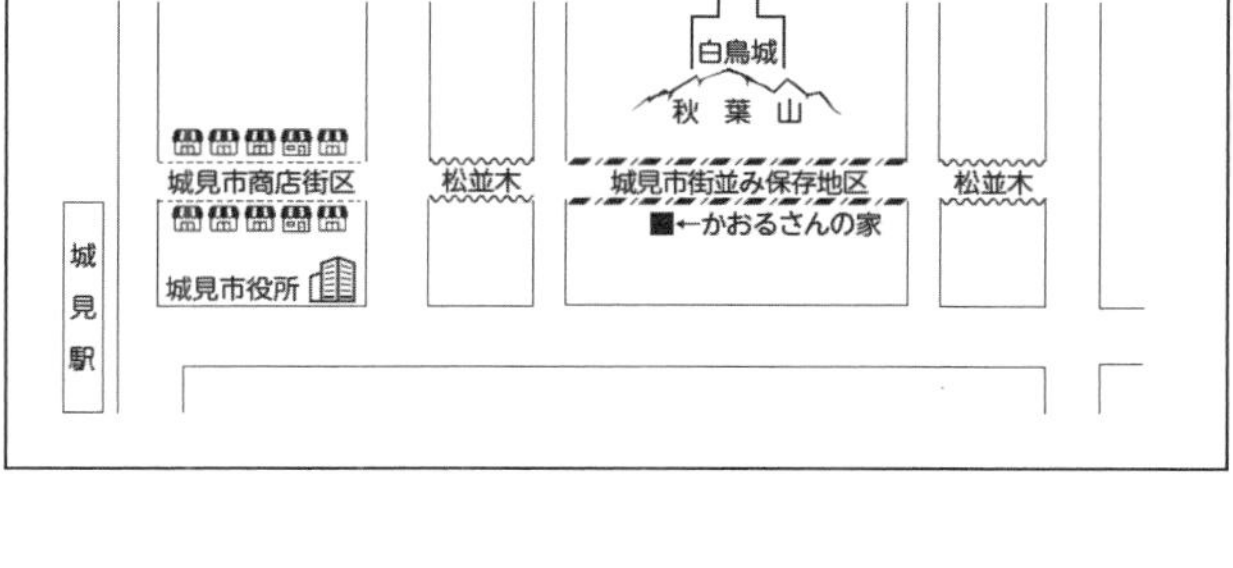

【資料B】

城見市「街並み保存地区」景観保護ガイドラインのあらまし

ガイドラインの基本的な考え方

城見市「街並み保存地区」一帯は、市名の由来にもなっている秋葉山山頂に築かれた白鳥城下を通る、旧街道の伝統的な道路遺構と街並みからなります。その街並みと自然とが呼応し、そこに集まる人々によって文化と共に育まれてきたところにその特徴があります。

私達は、「街並み保存地区」に限らず、城見市が育んできた歴史、文化の特質を尊重し、優れた自然と景観に対して十分配慮するとともに、この自然と景観を維持、保全、育成しなければなりません。そのためには、住民、企業、行政など全ての人々が城見市の景観に対するさら

なる意識の向上を図り、貴重な財産であることを深く認識し、この美しい景観を将来の世代に引き継ぐ責務を負っているのです。

景観保護の目標

ア　市役所周辺から商店街区にかけてのにぎわいを連続させるとともに、都市の顔として風格のある空間づくりを進めます。

イ　秋葉山の眺望や松並木などの景観資源を活用し、親しみがあり愛着と魅力を感じる街並みを形成していきます。

ウ　広域からの外来者のある、観光や伝統行事などの拠点にふさわしい景観づくりを進めます。

景観保護の方針

・松並木及び「街並み保存地区」の植栽を保全し、街並みや秋葉山の景観との調和を図ります。

・建築物の壁面、広告物や看板の色彩については、原色などの目立つものを避け、伝統的建築物との調和を図ります。

・個人住宅を含めて、建物外面の色調を落ち着いたものとし、壁面の位置や軒高をそろえます。

・一般及び観光客用の駐車場や街路のごみ箱、ごみ収集時のごみ置き場は目立たないように工夫します。

・「街並み保存地区」は自動車の出入りを制限し、ゆとりある歩行空間を確保します。

・議会等との協議を通して、景観を保護するために必要な予算があれば、その計上を検討していきます。

姉「（住民対象の説明会から帰ってきた父に）お疲れさま…説明会、どうだった？」

父「ああ、これ、資料だよ。（【資料B】を姉に渡す）…最近、うちの周りもそうだけど、空き家が多くなってきたよね。この間も、少し向こうの空き家の裏口のカギが壊されたりしたそうだけど、このままだと治安の面が不安だ。それが取り壊されても、その跡地に『街並み保存地区』っていう名前にふさわしくない建物が建てられてしまうかもしれない。地元の企業がまちづくりの提案をしているという話も出ているしね。そこで市としては、ここでガイドラインを示して景観を守ることで、この一帯を観光資源にしていきたいという計画らしいね。つまり、一石二鳥を狙った訳さ。」

姉「なるほどね。それで、うちの周りはどうなるの？」

父「うちの前の道路、『ゆとりある歩行空間を確保』っていう話だったから、電柱を移動させるか、電線を埋設するかになるんだろうけど、狭いままだってことには変わりないな。」

姉「我が家の外壁を塗り直そうかって時は、その費用は市が負担してくれるの？」

父「多分、それはないんじゃないか。市の予算は、公共の環境整備に使うだろう。」

姉「あれ、そうなの？…　ところでお父さんは、このガイドラインの導入について、どう思ってるの？」

父「私は反対だよ。住民の負担が大きすぎるね。外壁の塗装も建物の改築も、すべて周辺の景観に配慮した上で、適切な対応を自己負担で考えなければいけない。これじゃあ、引っ越した方が気が楽だ。かえって空き家を増やすだけだと思うよ。」

姉　「でも、今のままだと、ここはどんどん衰退していくだけだよね？　住民がいなくなると、この街の文化や歴史の一部が途絶えてしまうよね。この辺って、道路も狭いし、家も古いけど、この街並み、私は結構好きだな。だから、マイナスだと思っていることでも、逆にこの街の魅力にしたら、観光客にPRすることもできるんじゃないかな。街並みを整備して、地域の魅力づくりに成功したら、ここから出て行く人が少なくなって、空き家も減るよ。そうしたら、この街は守られるよね。」

父　「それは希望的な推測だし、感情論に過ぎないね。実際問題として、ガイドラインの通り、古い街並みを残すとしたら、家を改築する時に、デザイン料にせよ材料費にせよ、通常以上の自己負担が必要になる。これじゃ、地域住民の同意は得られないよ。」

姉　「私は、ある程度の住民の自己負担は必要だと思う。こういう地域づくりって、行政に任せっぱなしにしたままで、私たち地域住民は受け身でいていいのかな。それに、ガイドラインには広告や看板の色彩のことも書いてあるけど、これからは、自然環境も含めて、そうした住環境も大事にしないといけないと思うの。確かに色々と制約があるし、お金もかかるけど、『地域を守り、地域の魅力を作っていくのは、他でもない私たち自身なんだ』っていう意識を持って、私たちの生まれ育ったこの街を守っていくためには、ある程度の自己負担も必要だよ。」

父「私も、すべて行政に任せちゃえばいいとは思ってないよ。だけど、個人の家や庭に手を入れることは、本質的にその人の自由意志だし、住民の利便性を考えた道路整備は間違いなく行政の仕事だ。ところがガイドラインに従うと、古い家を思うように直すこともできないし、狭い道もそのまま使うっていう不自由を、住民に強いることになる。現実的に発生する問題から目をそらして、感情論で地域づくりを語っても、そんなものは絵に描いた餅に過ぎないよ。」

姉「じゃあ、このまま何もしなくていいの？　街がさびれていく様子を、ただ黙って見てろってこと？」

問1　会話文中の傍線部「一石二鳥」とは、この場合街並み保存地区が何によってどうなることを指すか、「一石」と「二鳥」の内容がわかるように四〇字以内で答えよ（ただし、句読点を含む）。

問2　ある会社が、「街並み保存地区」の活性化に向けた提案書を城見市に提出した。次の文章はその【提案書の要旨】である。これに対して、城見市は、ガイドラインに従って計画の一部を修正するよう、その会社に求めた。どの部分をどのように修正することを求めたと考えられるか、三十五字以内で述べよ（ただし、句読点を含む）。

【提案書の要旨】
　複数の空き家が連続して並んでいる場所を再利用した商業施設を作りたい。古くて味わいのある民家を最大限活用したカフェ、洋服屋、本屋、雑貨屋、美容院などを総合的にプロデュースすることで、「一度は行ってみたい」まちづくりに貢献したい。初めて訪れる観光客にも親切なように、目につきやすい色の看板を数多く配置し、行きたい店をすぐに探せる配慮をする。また、住民にも利便性の高い店の誘致を進める。

問3　会話文から読み取ることができる、父と姉の「景観保護ガイドライン」の導入についての議論の対立点を、「〜の是非。」という文末で終わるように二〇字以内で述べよ（ただし、読点を含む）。

問4　父と姉の会話を聞いて、改めてガイドラインを読んだかおるさんは、姉に賛成する立場で姉の意見を補うことにした。かおるさんはどのような意見を述べたと考えられるか、次の条件に従って述べよ（ただし、句読点を含む）。

条件1　全体を二文でまとめ、合計八〇字以上、一二〇字以内で述べること。なお、会話体にしなくてもよい。

条件2　一文目に、「ガイドラインの基本的な考え方」と、姉の意見が一致している点を簡潔に示すこと。

条件3　二文目に、「経済的負担」を軽減する方法について述べること。

条件4　条件2・条件3について、それぞれの根拠となる記述を【資料B】「城見市『街並み保存地区』景観保護ガイドラインのあらまし」から引用し、その部分を「　」で示すこと。なお、文中では「ガイドライン」と省略してよい。

資料②

大学入試共通テスト平成29年度試行調査（平成29年11月）より

第1問　青原高等学校では、部活動に関する事項は、生徒会部活動規約に則《のっと》って、生徒会部活動委員会で話し合うことになっている。次に示すものは、その規約の一部である。それに続く【会話文】は、生徒会部活動委員会の執行部会で、翌週行われる生徒会部活動委員会に提出する議題について検討している様子の前半部分である。後に示す、執行部会で使用された【資料①】〜【資料③】を踏まえて、各問い（問1〜3）に答えよ。

青原高等学校　生徒会部活動規約

第1章　総則

第1条　部は青原高等学校生徒会会員によって構成する。

第2条　部活動に関係する事項は生徒会部活動委員会で審議し、生徒総会の議決を経て職員会議に提案する。
第3条　生徒会部活動委員会は、生徒会本部役員と各部の部長によって構成する。
第4条　生徒会部活動委員会には、委員会の円滑な運営のため、次により構成する執行部を置く。
委員長　　各部の部長のうちから1名
副委員長　　生徒会本部役員のうちから1名
体育部代表　体育部の部長のうちから1名
文化部代表　文化部の部長のうちから1名

第2章　部の運営

第5条　部活動は部員の自主的活動によって部員の趣味・親睦を深めると同時に、人間性を高め、研究活動の充実、技術の向上を図ることを目的とする。
第6条　部活動として次の部を置く。
体育部　硬式野球部　ソフトボール部　サッカー部　剣道部　卓球部

バスケットボール部　バドミントン部　テニス部
文化部　吹奏楽部　演劇部　茶道部　美術部　書道部　琴部　新聞部
科学部

第7条　会員は自由意志により所定の手続きをとり、どの部にも所属できる。

第8条　原則として、一人の会員が複数の部に所属すること（兼部）は禁止する。ただし、体育部と文化部との兼部については、双方の顧問の了解が得られれば可能とする。

第9条　各部は部長・副部長を選出する。

第10条　部活動の終了時間は17時とする。

第11条　休日、祝日は顧問が必要と認めた場合、顧問の指導のもとに、午前中又は午後の半日部活動を行うことができる。

第3章　部の新設・休部・廃部

第12条　部の新設は、同好会として3年以上活動していることを条件とする。

第13条　条件を満たし、部として新設を希望する同好会は、当該年度の4月第2週までに、所定の様式に必要事項を記入し、生徒会部活動委員会に提出することとする。なお、提出期限に遅れた場合、部の新設は次年度以降とする。

第14条　部の新設には、生徒総会において出席者の過半数の賛成を必要とする。

第15条　部員数が5名未満であり、その活動も不活発な状態が1年以上続いたと認められる場合、生徒会部活動委員会において審議の上、休部とする。

第16条　休部の状態が2年以上続いた場合、生徒総会の議決を経た後、廃部とする。

第4章　同好会

（以下略）

【会話文】

登場する人物

島崎――委員長。剣道部部長。

森　――副委員長。生徒会副会長。新聞部部長。

永井――体育部代表。バドミントン部部長。
寺田――文化部代表。書道部部長。
夏目――教諭。生徒会顧問。

島崎　執行部会を始めましょう。今日の執行部会では、生徒会部活動委員会に提出する議題について検討します。まず何を議題とするかを考えていきましょう。最初に確認しておきますが、施設や設備の改修など、予算に関わるものは学校側に要望として提出し、委員会の議題にはしません。では、森さんから、提出したほうがよいと考える議題について説明をお願いします。
森　はい。では、【資料①】の中から、部活動委員会に関わりそうな議題を選ぶと、まず「ダンス部の設立」になりますね。
島崎　それは……、議題にならないのではないでしょうか。
森　ええっ、なぜですか。
島崎　現在活動中の同好会は、「軽音楽同好会」だけだからです。「ダンス部」の設立希望があるのなら、規約どおりに進める必要があります。

森　ああ、そうでした。うっかりしていました。では、この件への回答になるように、来月発行の『青原高校新聞』の「生徒会から」のコーナーに、当該年度に部を新設するために必要な、申請時の条件と手続きを、分かりやすく載せておきます。

島崎　お願いします。では、引き続き、【資料①】を基に取り上げる議題を挙げていきましょう。

永井　【資料①】から考えると、まず取り上げる議題は「部活動の終了時間の延長」ですね。

島崎　そうですね。では、次に重要だと思われる議題は何でしょうか。

寺田　「兼部規定の見直し」です。

夏目　念のために確認しておくけれど、兼部については、双方の顧問の許可だけは必要になりますよ。

寺田　はい、見直しの内容は、あくまで双方の顧問の許可があることを前提にした上での、条件の緩和です。これまで認められてこなかった［ア］という要望です。

島崎　なるほど、分かりました。昨年も体育部・文化部の双方から同じような条件の緩和を求める声がありましたね。他にも議題は考えられますが、この二つについて検討していきましょう。では、まず「部活動の終了時間の延長」についての提案内容をまとめていきます。みなさんの考えを聞かせてください。

寺田　延長に賛成します。個人的にも、作品展の前は時間が足りないなあ、と思うんですよね。
永井　延長を認めてほしいです。いつもあと少しのところで赤雲学園に勝てないんです。
島崎　わたしも、せめて試合前には練習時間を延長してほしいと思っているのですが、個人的な思いだけでは提案できません。何か参考になる資料はありませんか。
寺田　市内五校の部活動の終了時間がどうなっているか、まとめてみました。【資料②】です。
森　別の資料もあります。【資料③】です。新聞部が去年の「文化祭特別号」で、部活動についてまとめた記事です。
島崎　ありがとう。では、これらの資料を基にして、部活動の終了時間の延長を提案してみましょう。
森　ちょっと待ってください。提案の方向性はいいと思うのですが、課題もあると思います。

イ

島崎　なるほど、そう判断される可能性がありますね。それでは、どのように提案していけばいいか、みんなで考えましょう。

【資料①】

部活動に関する生徒会への主な要望

要望の内容	要望したクラス	生徒会意見箱に投函《とうかん》された数
ダンス部の設立	1年A組　1年B組 1年C組	35通
部活動の終了時間の延長	1年D組　2年C組 2年D組	28通
シャワー室の改修	3年A組　3年B組	19通
照明機器の増設	2年A組　3年D組	15通
兼部規定の見直し	3年C組	25通
同好会規定の見直し	2年B組	13通

・投函された意見の総数は148通，そのうち部活動に関する要望は135通。
・今年度4月末の生徒総数は477人。各学年は4クラス。

【資料②】

市内５校の部活動の終了時間

高等学校名	通常時	延長時	延長に必要な条件
青原高等学校	17時00分	—	—
青春商業高等学校	17時00分	18時00分	大会・発表会等の前かつ顧問の許可
白鳥総合高等学校	18時30分	—	—
赤雲学園高等学校	17時00分	18時00分	顧問の許可
松葉東高等学校	17時00分	18時30分	顧問の許可

【資料③】 青原高校新聞（平成28年9月7日 文化祭特別号 青原高等学校新聞部）抜粋

青高生の主張

青原高校に求めるもの
（複数回答可） 総回答数：522

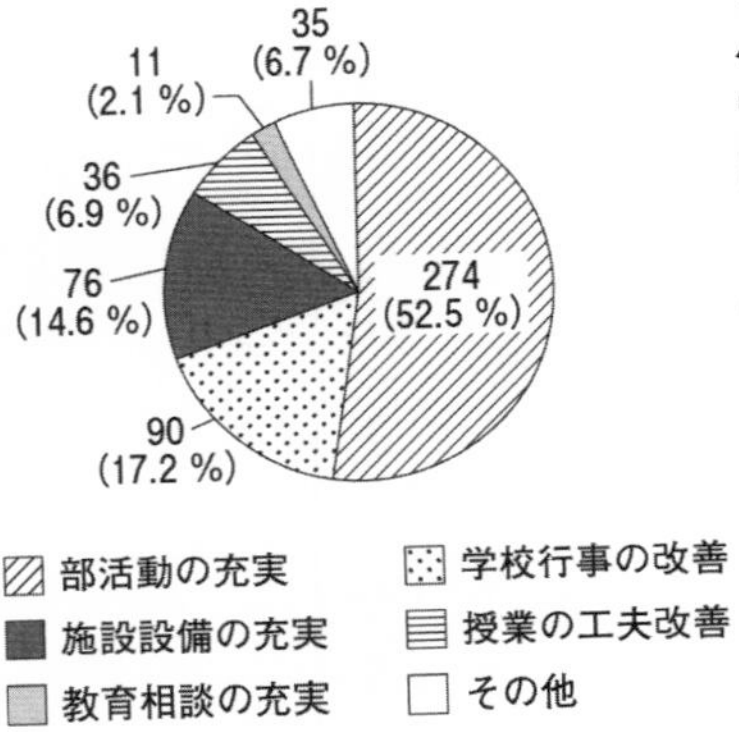

「部活動の充実」の内訳
総回答数：274

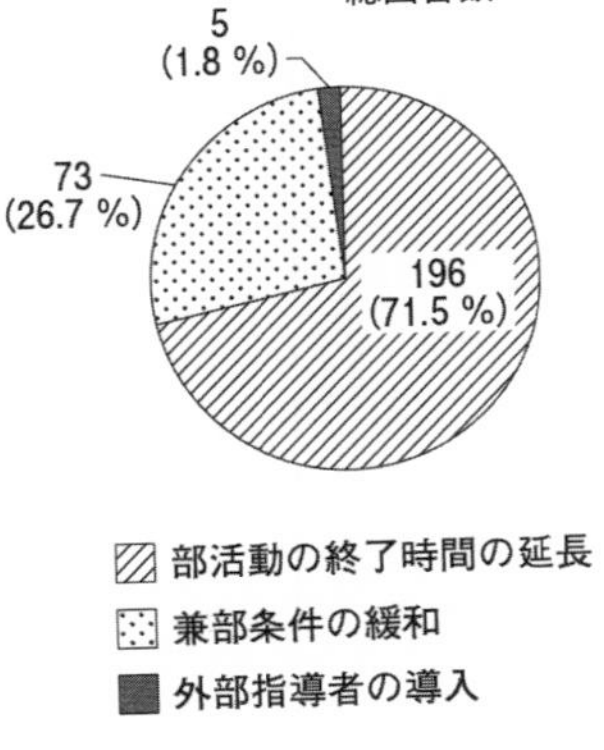

第一位は「部活動の充実」

新聞部「青高アンケート」結果発表

先日、新聞部が実施した「青高アンケート」（七月十五日実施）の結果によると、学校側への要望で、最も多かったものは「部活動の充実」、二番目は「学校行事の改善」であった。「部活動の充実」の内訳では、「部活動の終了時間の延長」という回答が最も多かった。これは、秋の新人戦・作品展に向けた練習・準備が活発化する中、近隣高校に比べて活動時間が短い、という思いの表れであろう。

硬式野球部主将の中野さんは、「青原高校の生徒は、部活動があるからといって学業をおろそかにするとは考えられない」と語る。また、吹奏楽部部長の樋口さんは、「部活動を一生懸命やりたい後輩は、白鳥総合高校を目指してしまうから、ぜひ部活動の終了時間を延長してほしい」と訴えた。

しかし、部活動の終了時間の延長の実現には課題もある。青原市作成の「通学路安全マップ」によれば、本校の通学路は、歩道も確保できないほど道幅が狭い。また、交通量のピークは午前七時前後と午後六時前後とされている。生徒指導担当の織田先生は、「部活動の終了時間の延長を認めた場合、生徒の下校が集中する時間帯の安全確保に問題が生じるのではないか」と語っている。

問1　傍線部「当該年度に部を新設するために必要な、申請時の条件と手続き」とあるが、森さんが新聞に載せるべき条件と手続きはどのようなことか。五十字以内で書け（句読点を含む）。

（次は問1の下書き欄。解答は必ず解答用紙に書くこと。）

問2　空欄［ア］に当てはまる言葉を、要望の内容が具体的に分かるように、二十五字以内で書け（句読点を含む）。

（次は問2の下書き欄。解答は必ず解答用紙に書くこと。）

という要望です。

問3 空欄 イ について、ここで森さんは何と述べたと考えられるか。次の(1)～(4)を満たすように書け。

(1) 二文構成で、八十字以上、百二十字以内で書くこと（句読点を含む）。なお、会話体にしなくてよい。

(2) 一文目は「確かに」という書き出しで、具体的な根拠を二点挙げて、部活動の終了時間の延長を提案することに対する基本的な立場を示すこと。

(3) 二文目は「しかし」という書き出しで、部活動の終了時間を延長するという提案がどのように判断される可能性があるか、具体的な根拠と併せて示すこと。

(4) (2)・(3)について、それぞれの根拠はすべて【資料①】～【資料③】によること。

（次は問3の下書き欄。解答は必ず解答用紙に書くこと。）

出典URL

資料① https://www.dnc.ac.jp/albums/abm00009385.pdf#search='%E5%85%B1%E9%80%9A%E3%83%86%E3%82%B9%E3%83%88+%E8%A8%98%E8%BF%B0'

資料② https://www.dnc.ac.jp/sp/albums/abm.php?f=abm00011239.pdf&n=5-01_%E5%95%8F%E9%A1%8C%E5%86%8A%E5%AD%90_%E5%9B%BD%E8%AA%9E.pdf

資料③

高等学校学習指導要領（平成30年告示）解説国語編（平成30年7月）
第1章第2節「国語科改訂の趣旨及び要点」より

第1章　総説

第2節　国語科改訂の趣旨及び要点

(2) 科目構成の改善

中央教育審議会答申においては、高等学校の国語科の課題と科目構成の見直しについて、次のように示されている。

○　高等学校の国語教育においては、教材の読み取りが指導の中心になることが多く、国語による主体的な表現等が重視された授業が十分行われていないこと、話合いや論述などの「話すこと・聞くこと」、「書くこと」の領域の学習が十分に行われていないこと、古典の学習について、日本人として大切にしてきた言語文化を積極的に享受して社会や自分との関わりの中でそれらを生かしていくという観点が弱く、学習意欲が高まらないことなどが課題として指摘されている。

こうした長年にわたり指摘されている課題の解決を図るため、科目構成の見直しを含めた検討が求められており、別添2－1に示した資質・能力の整理を踏まえ、以下のような科目構成とする。（別添2－4を参照）

なお、以下の科目構成の説明において、「学びに向かう力・人間性等」については特に言及していないが、全ての科目において育成されるものである。

○　国語は、我が国の歴史の中で創造され、上代から近現代まで継承されてきたものであり、そして現代において実社会・実生活の中で使われているものである。このことを踏まえ、後者と関わりの深い実社会・実生活における言語による諸活動に必要な能力を育成する科目「現代の国語」と、前者と関わりの深い我が国の伝統や文化が育んできた言語文化を理解し、これを継承していく一員として、自身の言語による諸活動に生かす能力を育成する科目「言語文化」の二つの科目を、全ての高校生が履修する共通必履修科目として設定する。

○　共通必履修科目「現代の国語」は、実社会・実生活に生きて働く国語の能力を育成する科目として、「知識・技能」では「伝統的な言語文化に関する理解」以外の各事項を、「思考力・判断力・表現力等」では全ての力を総合的に育成する。

○　共通必履修科目「言語文化」は、上代（万葉集の歌が詠まれた時代）から近現代につながる我が国の言語文化への理解を深める科目として、「知識・技能」では「伝統的な言語文化に関する理解」を中心としながら、それ以外の各事項も含み、「思考力・判断力・表現力等」では全ての力を総合的に育成する。

○　選択科目においては、共通必履修科目「現代の国語」及び「言語文化」において育成された能力を基盤として、「思考力・判断力・表現力等」の言葉の働きを捉える三つの側面のそれぞれを主として育成する科目として、「論理国語」、「文学国語」、「国語表現」を設定する。

また、「言語文化」で育成された資質・能力のうち「伝統的な言語文化に関する理解」をより深めるため、ジャンルとしての古典を学習対象とする「古典探究」を設定する。

○　なお、共通必履修科目である「現代の国語」及び「言語文化」において育成された能力は、特定の選択科目ではなく全ての選択科目につながる能力として育成されることに留意する必要がある。

○　選択科目「論理国語」は、多様な文章等を多面的・多角的に理解し、創造的に思考して自分の考えを形成し、論理的に表現する能力を育成する科目として、主として「思考力・判断力・表現力等」の創造的・論理的思考の側面の力を育成する。

○　選択科目「文学国語」は、小説、随筆、詩歌、脚本等に描かれた人物の心情や情景、表現の仕方等を読み味わい評価するとともに、それらの創作に関わる能力を育成する科目として、主として「思考力・判断力・表現力等」の感性・情緒の側面の力を育成する。

○　選択科目「国語表現」は、表現の特徴や効果を理解した上で、自分の思いや考えをまとめ、適切かつ効果的に表現して他者と伝え合う能力を育成する科目として、主として「思考力・判断力・表現力等」の他者とのコミュニケーションの側面の力を育成する。

○　選択科目「古典探究」は、古典を主体的に読み深めることを通して、自分と自分を取り巻く社会にとっての古典の意義や価値について探究する科目として、主に古文・漢文を教材に、「伝統的な言語文化に関する理解」を深めることを重視するとともに、

「思考力・判断力・表現力等」を育成する。
○ また、「古典探究」以外の選択科目においても、高等学校で学ぶ国語の科目として、探究的な学びの要素を含むものとする。
○ なお、高校生の読書活動が低調であることなどから、各科目において、高校生がそれぞれの読書の意義や価値について実感を持って認識することにつながるような指導の充実、読書活動の展開が必要である。

このことを踏まえ、今回の改訂では、共通必履修科目として「現代の国語」及び「言語文化」を、選択科目として「論理国語」、「文学国語」、「国語表現」及び「古典探究」をそれぞれ新設した。

共通必履修科目である「現代の国語」及び「言語文化」は、答申に示された高等学校国語科の課題をそれぞれ踏まえて新設している。

「現代の国語」については、主として「話合いや論述などの『話すこと・聞くこと』、『書くこと』の領域の学習が十分に行われていない」という課題を踏まえ、特にこうした課題が、実社会における国語による諸活動と関係が深いことを考慮し、実社会における国語による諸活動に必要な資質・能力を育成する科目として、その目標及び内容の整合を図った。

一方、「言語文化」については、主として「古典の学習について、日本人として大切にしてきた言語文化を積極的に享受して社会や自分との関わりの中でそれらを生かしていくという観点が弱く、学習意欲が高まらない」という課題を踏まえ、特にこうした課題が、古典を含む我が国の言語文化への理解と関係が深いことを考慮し、上代から近現代に受け継がれてきた我が国の言語文化への理解を深める科目として、その目標及び内容の整合を図った。

共通必履修科目を1科目の総合的な科目ではなく、2科目新設したのは、これらの科目を、それぞれの課題を踏まえた、これからの時代に必要とされる資質・能力を明確にした科目として設定することにより、高等学校国語科の課題の確実な解決を図るためである。

選択科目については、答申を踏まえ、共通必履修科目「現代の国語」及び「言語文化」において育成された能力を基盤として、「思考力・判断力・表現力等」の言葉の働きを捉える三つの側面のそれぞれを主として育成する科目として、「論理国語」、「文学国語」、「国語表現」をそれぞれ新設した。また、「言語文化」で育成された資質・能力のうち「伝統的な言語文化に関する理解」をより深めるため、ジャンルとしての古典を学習対象とする「古典探究」を新設した。

「論理国語」については、主として「思考力・判断力・表現力等」の創造的・論理的思考の側面の力を育成するため、実社会において必要となる、論理的に書いたり批判的に読んだりする力の育成を重視した科目として、その目標及び内容の整合を図った。

「文学国語」については、主として「思考力・判断力・表現力等」の感性・情緒の側面の力を育成するため、深く共感したり豊かに想像したりして、書いたり読んだりする力の育成を重視した科目として、その目標及び内容の整合を図った。

「国語表現」については、主として「思考力・判断力・表現力等」の他者とのコミュニケーションの側面の力を育成するため、実社会において必要となる、他者との多様な関わりの中で伝え合う力の育成を重視した科目として、その目標及び内容の整合を図った。

「古典探究」については、ジャンルとしての古典を対象とし、自分と自分を取り巻く社会にとっての古典の意義や価値について探究し、生涯にわたって古典に親しめるようにするため、我が国の伝統的な言語文化への理解を深める科目として、その目標及び内容の整合を図った。

これらの選択科目については、共通必履修科目で育成された資質・能力を基盤として、さらにどの資質・能力を育成するかを明確にした選択が可能となるよう設定している。

科目構成の改善について図示すると、次のようになる。

平成21年告示 学習指導要領	平成30年告示 学習指導要領
【共通必履修科目】 国語総合（4単位）	【共通必履修科目】 現代の国語（2単位） 言語文化　（2単位）
【選択科目】 国語表現（3単位） 現代文A（2単位） 現代文B（4単位） 古典A　（2単位） 古典B　（4単位）	【選択科目】 論理国語　（4単位） 文学国語　（4単位） 国語表現　（4単位） 古典探究　（4単位）

（単位数は標準単位数）

出典URL

資料③　https://www.mext.go.jp/content/1407073_02_1_2.pdf